はじめに

わが国の人口は、2010年を境に減少を続けています。2025年には約800万人いる団塊の世代が後期高齢者（75歳）になり、推計上、2040年には75歳以上世帯が全体の4分の1を占める社会を迎えます。

この大分岐点を控え、膨れ上がる社会保障費、教育、医療・介護等の世代間格差の是正、円滑な相続・事業承継、グローバル化などの影響を考慮し、わが国では、税制、年金・社会保険、法律などにおいて、毎年、数多くの改正が行われ、これらは多くの方々の関心事でもあります。

"ファイナンシャル・プランナー（ファイナンシャル・プランニング技能士）"は、お金の専門家であり、会社員、個人事業主、会社経営者、相続・贈与を検討している方に対し、お金に関する相談に乗ることを生業とするプロです。だからこそ、毎年の改正事項を整理し、知識をブラッシュアップして、お客さまにわかりやすく伝えることは大切なことです。

しかしながら、改正事項は多岐にわたり、独力で整理・理解することは大変です。本書では、毎年の改正事項のなかでも、特に生活・ライフプランに直結する内容について、FP業務を行う方が理解しやすいような編集を心がけました。

第1章では、年末に公表された税制改正大綱のなかでFPとして知っておくべき内容を、第2章・第3章・第4章では、その年などで改正を迎える重要な税制、年金・社会保険、医療・介護の内容と周辺の重要知識を、第5章では、生活に大きな影響を与えている相続法をひも解きます。

いずれにおいても、単なる改正事項を中心とした解説だけでなく、図解等を交えながら、理解を助け、利便性に富んだ内容になるよう工夫しています。

本書を通じて、少しでも、皆さまのお役に立つことができれば、これに勝る喜びはありません。

JN015512

目 次

目次

コラム（Coffee　Break）

第 **1** 章

2024年度
税制改正大綱のポイント

　2024年度税制改正において、個人所得課税では、所得税・個人住民税の定額減税の実施、子育て世帯への住宅支援をするための住宅ローン控除の拡充、スタートアップの人材確保や従業員のモチベーション向上に資することを狙いとしたストックオプション税制の拡充、既存住宅のリフォームに係る特例措置の拡充と延長等がなされました。法人課税では、持続的な賃上げ等を実現するための賃上げ促進税制の見直し、外形標準課税の見直し、企業の活力の強化および物価高の動向等を踏まえた交際費等の損金不算入の拡充と延長等がなされました。資産課税では、直系尊属から住宅取得資金等の贈与を受けた場合の贈与税の見直し、経営者の高齢化の進展等を踏まえて法人版・個人版事業承継税制の特例承継計画の提出期限の延長等がなされました。

　各改正内容を理解し、その適用スケジュールを把握して、税制を有効活用しましょう。

1 個人所得課税

改正 ① 所得税・個人住民税の定額減税の実施

2024年分の所得税・2024年度分の個人住民税に適用

● 所得税は、本人3万円、同一生計配偶者又は扶養親族1人につき3万円の特別控除を行います。

● 個人住民税は、本人1万円、控除対象配偶者又は扶養親族1人につき1万円の特別控除を行います。

● 合計所得金額1,805万円以下の者に適用されます。

解 説

政府はデフレ脱却に向け賃上げ促進税制の強化や国内投資を促進してきましたが、物価上昇が賃金上昇を上回る状況にあり、賃金上昇・消費拡大・投資拡大の好循環の実現にはまだ至っていません。

そこで、デフレに後戻りさせないための措置の一環として、賃金上昇と相まって、国民所得の伸びが物価上昇を上回る状況をつくり、デフレマインドの払拭と好循環を実現していくために、所得税・住民税の定額減税を行います。

本制度は、合計所得金額1,805万円以下(給与収入のみの場合は、給与収入2,000万円以下)という所得制限を設けた上で、本人と同一生計配偶者(控除対象配偶者)を含む扶養親族の人数に応じて、特別控除の額が増減する内容となっています。

		所得税	個人住民税
所得制限		合計所得金額が1,805万円以下※1	
特別控除の額	本人	3万円	1万円
	・同一生計配偶者等※2 ・控除対象配偶者等※3	1人につき3万円	1人につき1万円

※1 所得税は2024年分の合計所得金額、個人住民税は2024年度分の合計所得金額。

※2 同一生計配偶者等とは、同一生計配偶者又は扶養親族（居住者に該当する者に限ります）をいいます。

※3 控除対象配偶者等とは、控除対象配偶者又は扶養親族（国外居住者を除きます）をいいます。

　また、給与所得者、公的年金受給者、事業所得者等に減税が認められており、減税の実施方法は以下のとおりです。

① 　給与所得者

〈所得税〉

・2024年6月1日以後最初に支給される給与等の源泉徴収税額から特別控除の額を控除します。

・6月に控除しきれなかった額は、7月以降の源泉徴収税額から順次控除します。

・2024年分の年末調整の際に、年税額から特別控除の額を控除します。

〈個人住民税〉

・特別控除の額を控除した後の個人住民税額の11分の1の額を、2024年7月から2025年5月までのそれぞれの給与の支払をする際に毎月徴収します。

② 　公的年金受給者

〈所得税〉

・2024年6月1日以後最初に支給される公的年金等の源泉徴収税額から特別控除の額を控除します。

・6月に控除しきれなかった額は8月以降に順次控除します。

〈個人住民税〉

・2024年10月1日以後最初に支給される公的年金等の特別徴収税額から特別控除の額を控除します。

・上記の10月に控除しきれなかった額は12月以降に順次控除します。

③　事業所得者等

〈所得税〉

・2024年分の所得税に係る第 1 期分 (7 月) 予定納税額から本人分に係る特別
控除の額を控除します。

・第 1 期分から控除しきれなかった額は第 2 期分 (11月) から控除します。

〈個人住民税〉

・2024年度分の個人所得税に係る第 1 期分の納付額から特別控除の額を控除
します。

・第 1 期分から控除しきれなかった額は第 2 期分以降から順次控除します。

改正② 扶養控除の見直し・ひとり親控除の拡充

> 所　得　税：2026年分以降より適用（見込み）
> 個人住民税：2027年度分以降より適用（見込み）

● 16歳から18歳までの扶養控除について、現行の一般部分（国税38万円、地方税33万円）に代えて、特定扶養親族に対する控除の上乗せ部分（国税25万円、地方税12万円）を復元し、控除額を縮小します。

● ひとり親控除について、対象となるひとり親の所得要件を、現行の合計所得金額500万円以下を1,000万円以下に引き上げます。

● ひとり親控除の所得税の控除額について、現行の35万円を38万円に引き上げるとともに、個人住民税の控除額についても、現行の30万円を33万円に引き上げます。

解　説

　児童手当について、2024年10月から「所得制限の撤廃」、「支給期間の延長（中学生年代まで→高校生年代まで）」、「第3子以降の増額（1万円→3万円）」がされることとなります。

　これに伴い、16歳から18歳までの扶養控除について、15歳以下の取扱いとのバランスを踏まえ、控除額を縮小します。

　なお、政府計算によると、夫婦のうちどちらかが働き16歳から18歳までの子がいる世帯では、扶養控除の縮小により所得税と住民税の負担は増加するものの、児童手当の拡充により、所得にかかわらず全ての世帯で手取り額が3.9万円（年間の給与収入4,410万円超）〜12万円（同240万円以下）増加することとなります。

子の年齢	現在（月間）	
0〜2歳	1万5千円	
3歳〜小学生	1万円	第3子以降 1万5千円
中学生	1万円	
高校生	なし	
	所得制限あり	

子の年齢	拡充案（2024年10月以降）	
0〜2歳	1万5千円	
3歳〜小学生	1万円	第3子以降 3万円
中学生	1万円	
高校生	**1万円**	
	所得制限なし	

　子育ての負担が重くなりやすいとされるため、ひとり親を対象にした「ひとり親控除」も拡充します。具体的には、ひとり親の自立支援を進める観点から対象となるひとり親の所得要件を引き上げ、所得税・個人住民税の控除額についても引き上げます。

　扶養控除、ひとり親控除の見直しは、いずれも2025年度税制改正にて本格的に議論がなされて最終的に決定するとされています。

改正 ③ 生命保険料控除の拡充

● 23歳未満の扶養親族を有する場合において、生命保険料控除における新生命保険料に係る一般生命保険料控除の適用限度額を現行の４万円から６万円に引き上げます。一般生命保険料控除、介護医療保険料控除及び個人年金保険料控除の合計適用額については、現行の12万円から変更しません。
● 一時払いの生命保険は、生命保険料控除の適用対象から除外します。

解　説

　子育て世帯におけるニーズとして、子を扶養する者に万が一のことがあった際のリスクへの備えがあり、「扶養控除等の見直し」と併せて行う子育て支援税制の一環として、2025年度税制改正において検討を行い、結論を得るとしています。
　具体的には、23歳未満の扶養する子がいる場合には次の表のように一般生命保険料控除限度額が拡充される見込みも、３種類合計は据え置かれる予定です。また、一般生命保険料控除の対象から「一時払生命保険」を除外することも示されています。

【新契約】2012（平成24)年１月１日以後に締結した生命保険契約等※1

		現行	改正後	
一般生命保険料控除限度額	所得税	４万円	23歳未満の扶養親族あり	６万円
			23歳未満の扶養親族なし	４万円
	住民税	２万８千円		２万８千円
介護医療保険料控除限度額	所得税	４万円		４万円
	住民税	２万８千円		２万８千円
個人年金保険料控除限度額	所得税	４万円		４万円
	住民税	２万８千円		２万８千円
合計	所得税	12万円		12万円
	住民税	７万円		７万円

※1　旧契約(2011年12月31日以前に締結した生命保険契約等)は変更なし。

改正 ④ 住宅ローン控除（子育て世帯等に対する控除額の拡充）

2024年分の所得税に適用

● 夫婦いずれか40歳未満又は19歳未満の扶養親族がいる場合、住宅ローン控除に係る借入金限度額が拡大されます。
● 床面積要件の緩和措置の１年延長を行います。

解　説

　住宅価格の高騰や住宅ローン金利負担の増大などにより住宅取得環境が悪化していることを踏まえ、2050年カーボンニュートラルの実現や子育て世帯への住宅支援等を図る観点から、①子育て特例対象個人（夫婦のいずれかが40歳未満又は19歳未満の扶養親族がいる者）の住宅ローン控除に係る借入金限度額の拡充、②認定住宅等の新築又は認定住宅等で建築後使用されたことのないものの取得に係る床面積要件の緩和措置（年間所得1,000万円以下なら新築で床面積40㎡も対象とします）についても１年延長を行います。

　今回の住宅ローン控除に係る借入金限度額の拡充の対象者は、子育て特例対象個人のみに限定されており、単身者や19歳未満の扶養親族がいない者は対象外となっていること、また、対象物件についても、認定住宅等の新築・買取再販に限定されており、一般住宅や中古住宅は対象外になっていることには注意が必要です。

住宅ローン減税の借入限度額及び床面積要件の維持（所得税・個人住民税）

2024年入居等の場合の借入限度額及び床面積要件について、以下（※今回の改正内容は下線）のとおり措置する。

		<入居年> 2022（R4）年	2023（R5）年	2024（R6）年	2025（R7）年
					与党大綱 R7年度税制改正にて R6と同様の方向性で検討
控除率：0.7%					
借入限度額	新築住宅・買取再販 長期優良住宅・低炭素住宅	5,000万円		4,500万円 子育て世帯・若者夫婦世帯※ ：5,000万円【今回改正内容】	4,500万円
	ZEH水準省エネ住宅	4,500万円		3,500万円 子育て世帯・若者夫婦世帯※ ：4,500万円【今回改正内容】	3,500万円
	省エネ基準適合住宅	4,000万円		3,000万円 子育て世帯・若者夫婦世帯※ ：4,000万円【今回改正内容】	3,000万円
	その他の住宅	3,000万円		0円 （2023年までに新築の建築確認：2,000万円）	
	既存住宅 長期優良住宅・低炭素住宅 ZEH水準省エネ住宅 省エネ基準適合住宅	3,000万円			
	その他の住宅	2,000万円			
控除期間	新築住宅・買取再販	13年（「その他の住宅」は、2024年以降の入居の場合、10年）			
	既存住宅	10年			
所得要件		2,000万円			
床面積要件		50㎡（新築の場合、2024（R6）年までに建築確認：40㎡【今回改正内容】（所得要件：1,000万円）） 与党大綱 R7年度税制改正にてR6と同様の方向性で検討			

※ 「19歳未満の子を有する世帯」又は「夫婦のいずれかが40歳未満の世帯」

出典：国土交通省『令和6年度（2024年度）国土交通省税制改正概要』

9

改正 ⑤ ストックオプション税制の拡充

● 社外高度人材への付与要件・認定手続を軽減します。
● ストックオプション税制について、発行会社自身による株式管理スキームを創設します。
● 年間での権利行使価額の限度額を最大で現行の 3 倍となる3,600万円へ引き上げます。

解　説

　スタートアップの人材確保や従業員のモチベーション向上に資するストックオプション税制について、①社外高度人材への付与要件を緩和・認定手続を軽減する等の拡充、②発行会社自身による株式管理スキームを創設するとともに、③年間権利行使価額の限度額を最大で現行の 3 倍となる3,600万円へ引上げを行います。

① 　社外高度人材に対するストックオプション税制の拡充

　スタートアップが社外人材を円滑に活用できるよう、ストックオプション税制の対象となる社外高度人材の範囲を拡充します。新たに、非上場企業の役員経験者等を追加し、国家資格保有者等に求めていた 3 年以上の実務経験の要件を撤廃するなど、対象を拡大します。

② 　発行会社自身による株式管理スキームの創設

　非上場の段階で税制適格ストックオプションを行使し、株式に転換した場合、税制の対象となるには、証券会社等と契約し、専用の口座を従業員ごとに開設した上で当該株式を保管委託する必要がありましたが、こうした対応には、スタートアップの円滑なM&Aを阻害するとの声もありました。このような状況を踏まえ、譲渡制限株式について、発行会社による株式の管理等がされる場合には、証券会社等による株式の保管委託に代えて発行会社による株式の管理も可能とします。

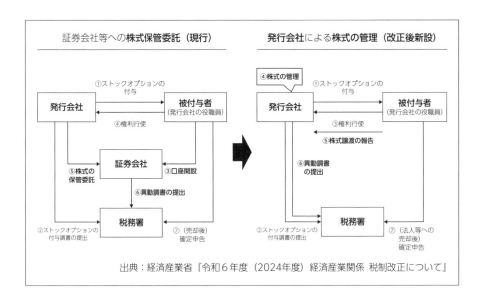

証券会社等への**株式保管委託**（現行）　　　　　**発行会社**による**株式の管理**（改正後新設）

出典：経済産業省『令和6年度（2024年度）経済産業関係 税制改正について』

③ 年間権利行使価額の限度額の引上げ

　スタートアップの人材獲得力向上のため、一定の株式会社が付与するストック
オプションについて年間の権利行使価額の限度額を引き上げます。

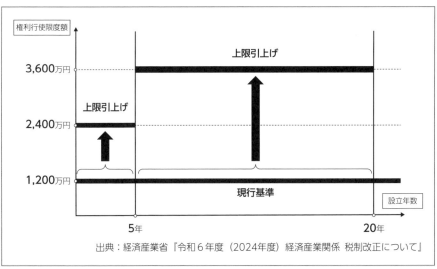

出典：経済産業省『令和6年度（2024年度）経済産業関係 税制改正について』

改正⑥ 既存住宅のリフォームに係る特例措置の拡充と延長

2024年分の所得税に適用及び2年の延長

● 子育て世帯等が子育てに対応した住宅へのリフォームを行った場合、標準的な工事費用相当額の10%を所得税から控除します。
● 現行2年間の延長及び合計所得金額要件の2,000万円への引下げを行います。

解　説

　2022年の出生数は約77万人と過去最低で、少子化は危機的状況にあり、子育てに対する不安や負担が大きいことが少子化の要因の一つであることを踏まえ、住宅のハード面の性能向上により子育ての負担の軽減を図る必要があります。これらを背景に、既存住宅のリフォームに係る特例措置について、子育て世代の居住環境の改善の観点から、子育て世帯及び若者夫婦世帯が行う一定の子育て対応改修工事を対象に加えます。

① 適用対象者
　⑴ 子育て特例対象個人に該当すること（以下のいずれかに該当すること）
　　・年齢40歳未満であって配偶者を有する者
　　・年齢40歳以上であって年齢40歳未満の配偶者を有する者
　　・年齢19歳未満の扶養親族を有する者
　⑵ 合計所得金額要件を満たしていること
　　その年の合計所得金額が2,000万円以下であること
② 特別控除額
　子育て対応改修工事に係る標準的な工事費用相当額×10%（限度額250万円）
③ 適用時期
　2024年4月から同年12月末の改修入居分に適用
　ただし、耐震工事等で認められている、対象工事の限度額超過分及びその他増改築等工事の一定の範囲までの税額控除（控除率5％）が認められるのかは、税制大綱で明らかにされていません。

また、従来の既存住宅の耐震・バリアフリー・省エネ・三世代同居・長期優良住宅化リフォームに係る特例措置を 2 年間延長します。

	対象工事	対象工事限度額	対象工事最大限度額（控除率10%）	その他工事[1]考慮後対象工事最大限度額	合計所得金額要件
2年延長	耐震	250万円	25万円	62.5万円	要件なし[2]
	バリアフリー	200万円	20万円	60万円	改訂後：2,000万円（改訂前：3,000万円）
	省エネ	250万円（350万円）[3]	25万円（35万円）	62.5万円（67.5万円）	
	三世代同居	250万円	25万円	62.5万円	
長期優良住宅化	耐震＋省エネ＋耐久性	500万円（600万円）	50万円（60万円）	75万円（80万円）	
	耐震 or 省エネ＋耐久性	250万円（350万円）	25万円（35万円）	62.5万円（67.5万円）	
拡充	子育て	250万円（350万円）	25万円	不明	2,000万円

※ 1　その他工事は、必須工事の超過費用やリフォームにより生じた費用に係るもので、控除率は 5 ％です。
※ 2　1981 年 5 月 31 日以前に建設された建物の耐震工事のみ、合計所得金額要件は不要となります。
※ 3　カッコ内の金額は、太陽光発電設備を設置する場合です。

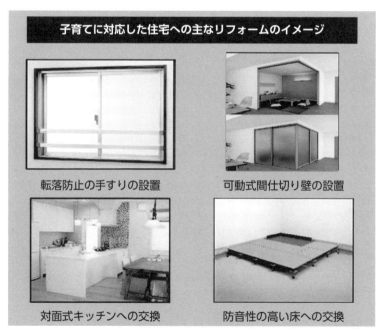

子育てに対応した住宅への主なリフォームのイメージ

転落防止の手すりの設置　　　可動式間仕切り壁の設置

対面式キッチンへの交換　　　防音性の高い床への交換

出典：国土交通省『令和 6 年度（2024年度）国土交通省税制改正概要』

2 法人課税

改正 ① 賃上げ促進税制の見直し（全法人向け、主に大企業）

2024年4月1日から2027年3月31日までに開始する事業年度に適用

- 適用期限を3年延長します。
- 原則の税額控除率を10％に引き下げます。
- 税額控除率の区分を細分化します。
- 上乗せ措置を拡充して最大控除率を35％に引き上げます。
- マルチステークホルダー方針の提出義務者を追加します。
- 中堅企業の区分を新設します。

解　説

　30年ぶりの高い水準の賃上げを一過性のものとせず、構造的・持続的な賃上げを実現するため、賃上げ税制を強化します。

　大企業向けについては、より高い賃上げへのインセンティブを強化するため、現在の賃上げ率の要件を維持しつつ、さらに高い賃上げ率の要件を創設するとともに、後掲する中小企業向けについては、前例のない長期となる5年間の税額控除の繰越措置を創設することにより、赤字等の厳しい状況でも賃上げを行う中小企業を後押しします。

　また、地域において賃上げと経済の好循環の担い手として期待される中堅企業向けの新たな枠を創設します。

　さらに、雇用の「質」も上げる形での賃上げが促されるよう教育訓練費を増やす企業への上乗せ措置の要件を緩和するとともに、子育てとの両立支援（くるみん）、女性活躍支援（えるぼし）に積極的な企業への上乗せ措置を創設します。

　その上で、本税制の適用期間を3年とします。

具体的には、給与等の支給額が増加した場合の税額控除制度について次の措置を講じます。

① 原則の税額控除率を10％（現行：15％）に引き下げます。

② 税額控除率を次のとおりとします。

　⑴ 継続雇用者の給与等支給額が前年度比で3％以上増加の場合は税額控除率を10％（現行：15％）、4％以上増加の場合は15％（現行：25％）、5％以上増加の場合は20％、7％以上増加の場合は25％とします。

　⑵ 教育訓練費が前年度比で10％（現行：20％）以上増加、かつ、教育訓練費が雇用者給与等支給額の0.05％以上である場合は税額控除率に5％加算します。

　⑶ プラチナくるみん認定又はプラチナえるぼし認定（以下「プラチナ認定」という）を受けている場合は税額控除率に5％加算します。

③ マルチステークホルダー方針の提出義務者に常時使用従業員数が2,000人超の法人を加えます。

④ 常時使用従業員数2,000人以下の企業を、新たに「中堅企業」と位置づけた上で、税額控除率を次のとおりとします。

　⑴ 継続雇用者の給与等支給額が前年度比で3％以上増加の場合は、税額控除率を10％（現行：15％）、4％以上増加の場合は25％（現行と同じ）とします。

　⑵ 教育訓練費が前年度比10％（現行：20％）以上増加であり、かつ、教育訓練費が雇用者給与等支給額の0.05％以上である場合は、税額控除率に5％加算します。

　⑶ プラチナ認定又はえるぼし認定（3段階目）を受けている場合は、税額控除率に5％加算します。

項目			改正前	改正後	
法人区分			大企業	大企業	中堅企業
適用要件			継続雇用者給与等支給額が前年度比3％以上増加		
控除率	給与等の増加割合	3％以上	15%	10%	10%
		4％以上	25%	15%	25%
		5％以上		20%	
		7％以上		25%	
	上乗せ加算	教育訓練費	教育訓練費が前年度比20％以上	教育訓練費が前年度比10％以上 かつ 教育訓練費が雇用者給与等支給額の0.05％以上	
			5％加算		
		くるみん えるぼし	－	プラチナ認定※1	・プラチナ認定 ・えるぼし認定（3段階目以上）
			－	5％加算	
	最大控除率		30%	35%	35%
控除限度額			適用年度の法人税額の20％を上限、繰越不可		
マルチステークホルダー方針※2の要件			資本金10億円以上かつ常時使用従業員数が1,000人以上の法人	常時使用従業員数が2,000人超の法人を追加	変更なし

※1 プラチナ認定とは、プラチナくるみん認定又はプラチナえるぼし認定をいいます。
※2 マルチステークホルダー方針とは、法人が事業を行う上での従業員や取引先等の様々なステークホルダーとの関係構築の方針として、賃金引上げ、教育訓練等の実施、取引先との適切な関係構築等の方針を記載したものをいいます。

改正 ② 賃上げ促進税制の見直し（中小企業向け）

2024年4月1日から2027年3月31日までに開始する事業年度に適用

● 適用期限を3年延長します。
● 繰越税額控除制度を創設します。
● 税額控除率の上乗せ措置を拡充して最大控除率を45%とします。

解　説

　中小企業向けの措置を次のとおり見直します。控除限度超過額は5年間の繰越しを可能とするが、雇用者給与等支給額が前年度を超える場合に限り適用できます。

項目			改正前	改正後
適用要件			雇用者給与等支給額が前年度比1.5%以上増加	
控除率	給与等の増加割合	1.5%以上	15%	
		2.5%以上	30%	
	上乗せ加算	教育訓練費	教育訓練費が前年度比10%以上増加	教育訓練費が前年度比5%以上かつ教育訓練費が雇用者給与等支給額の0.05%以上
			10%加算	
		くるみん えるぼし	－	・プラチナ認定 ・くるみん認定 ・えるぼし認定（2段階目以上）
			－	5%加算
	最大控除率		40%	45%
控除限度額			適用年度の法人税額の20%を上限	
控除限度超過額の繰越し			繰越不可	5年間の繰越可※

※　雇用者給与等支給額が前年度を超える場合に限ります。

改正 ③ 外形標準課税の見直し

〈減資への対応〉2025年4月1日以後開始する事業年度より適用
〈100%子会社等への対応〉2026年4月1日以後開始する事業年度より適用

● 前事業年度に外形標準課税の対象法人で、当該事業年度に資本金1億円以下で、資本金と資本剰余金の合計額が10億円を超える法人を外形標準課税の対象に追加します。
● 資本金と資本剰余金の合計額が50億円を超える法人等の100%子会社等のうち、資本金1億円以下で、資本金と資本剰余金の合計額が2億円を超える法人を、外形標準課税の対象に追加します。

解 説

　現行基準において、外形標準課税は資本金1億円超の法人が対象となる制度ですが、資本金1億円以下への減資を中心とした要因により対象法人が導入当時の約3分の2まで減少しています。

　より広く負担を分かち合い、企業の稼ぐ力を高める法人税改革の趣旨や、地方税収の安定化・税負担の公平性といった制度導入の趣旨を損なうおそれがあることから、実質的な大規模な法人を対象に見直しを行います。

① 外形標準課税制度の概要

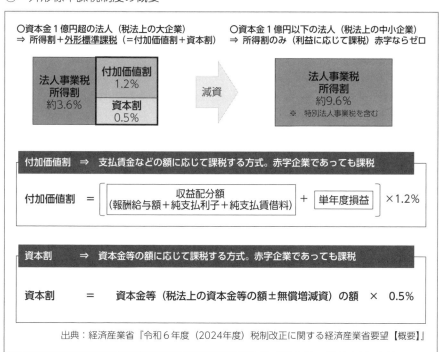

○資本金1億円超の法人（税法上の大企業）
⇒ 所得割＋外形標準課税（＝付加価値割＋資本割）

○資本金1億円以下の法人（税法上の中小企業）
⇒ 所得割のみ（利益に応じて課税）赤字ならゼロ

| 法人事業税 所得割 約3.6% | 付加価値割 1.2% |
| | 資本割 0.5% |

減資

法人事業税 所得割 約9.6%
※ 特別法人事業税を含む

付加価値割 ⇒ 支払賃金などの額に応じて課税する方式。赤字企業であっても課税

$$付加価値割 = \left[\frac{収益配分額}{(報酬給与額＋純支払利子＋純支払賃借料)} + 単年度損益\right] \times 1.2\%$$

資本割 ⇒ 資本金等の額に応じて課税する方式。赤字企業であっても課税

$$資本割 = 資本金等（税法上の資本金等の額±無償増減資）の額 \times 0.5\%$$

出典：経済産業省『令和6年度（2024年度）税制改正に関する経済産業省要望【概要】』

② 減資への対応

(1) 現行基準である資本金1億円超の法人は外形標準課税の対象とします。

(2) 前事業年度に外形標準課税の対象法人で、当該事業年度に資本金1億円以下で、資本金と資本剰余金の合計額が10億円を超える法人を外形標準課税の対象に追加します。

(3) 2025年4月1日以後最初に開始する事業年度については、(1)にかかわらず、公布日を含む事業年度の前事業年度に外形標準課税の対象であった法人であって、2025年4月1日以後最初に開始する事業年度に資本金1億円以下で、資本金と資本剰余金の合計額が10億円を超えるものは外形標準課税の対象に追加します。

【改正イメージ】

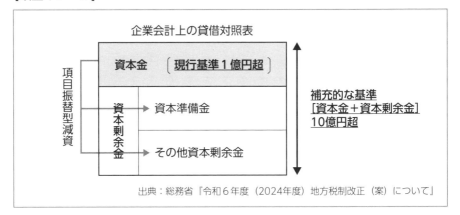

企業会計上の貸借対照表

項目振替型減資

資本金　〔現行基準１億円超〕

資本剰余金 → 資本準備金

資本剰余金 → その他資本剰余金

補充的な基準
[資本金＋資本剰余金]
10億円超

出典：総務省『令和６年度（2024年度）地方税制改正（案）について』

③　100％子会社等への対応

(1)　資本金と資本剰余金の合計額が50億円を超える法人等の100％子会社等の
うち、当該事業年度末日の資本金が１億円以下で、資本金と資本剰余金の合
計額が２億円を超える法人を、外形標準課税の対象に追加します。

(2)　新たに外形標準課税の対象となる法人について、従来の課税方式で計算し
た税額の超過額について、以下の金額を税額から控除する措置を講じます。

イ　2026年４月１日から2027年３月31日までの間に開始する事業年度は
当該超える額に３分の２の割合を乗じた額

ロ　2027年４月１日から2028年３月31日までの間に開始する事業年度は
当該超える額に３分の１の割合を乗じた額

【改正イメージ】

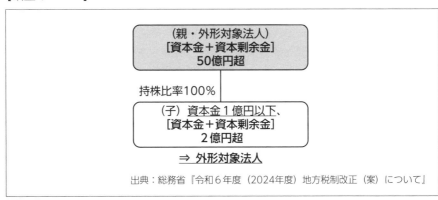

（親・外形対象法人）
[資本金＋資本剰余金]
50億円超

持株比率100％

（子）資本金１億円以下、
[資本金＋資本剰余金]
２億円超

⇒ 外形対象法人

出典：総務省『令和６年度（2024年度）地方税制改正（案）について』

交際費等の損金不算入の拡充と延長

〈飲食を伴う企業活動〉2024年 4 月 1 日以後適用
〈特例措置〉適用期限を 3 年間延長、改正後の適用期限が
2027年 3 月31日までに開始する事業年度について適用

● 飲食費に関する損金算入の上限を 1 人当たり10,000円に引き上げます。
● 800万円まで全額損金算入できる中小企業の特例措置を 3 年延長します。

解　説

　中小企業の販路開拓・販売促進等に必要な交際費について、年間800万円まで全額損金算入を可能とする特例措置を延長し、交際費等の範囲から除外される一定の飲食費に係る基準を引き上げます。

① 　飲食を伴う企業活動については 1 人当たり5,000円以下の飲食費の範囲で交際費等とならずに損金算入が認められていますが、物価の動向等を踏まえると当該上限のもとでは実施が難しい状況もあることから、当該上限を 1 人当たり10,000円に引き上げます。

② 　企業の活力の強化等を図る観点から、以下の2023年度末までとされていた特例措置の適用期限を 3 年間延長します。

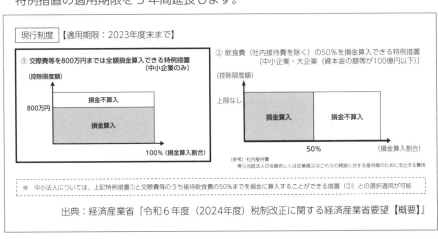

出典：経済産業省『令和 6 年度（2024年度）税制改正に関する経済産業省要望【概要】』

改正 ⑤ イノベーションボックス税制の創設

2025年4月1日から2032年3月31日までに開始する事業年度について適用

● 青色申告書を提出する法人が、特許権譲渡等取引を行った場合には、一定の金額を損金算入できる制度を創設します。
● 知的財産権（特許権やAI関連のプログラムの著作権）から生じるライセンス所得、譲渡所得を対象にした税制。

解 説

　イノベーションボックス税制は、研究開発の成果として国内で自ら研究開発した特許権等の知的財産から生じる一定の所得について優遇する制度であり、わが国のイノベーション促進に向けて、研究開発拠点としての立地競争力を向上し、民間の無形資産投資を後押しする観点から創設されました。

　青色申告書を提出する法人が、居住者もしくは内国法人に対する特定特許権等の譲渡又は他の者に対する特定特許権等の貸付け（以下「特許権譲渡等取引」といいます）を行った場合には、次の①と②の金額のうちいずれか少ない金額の30％に相当する金額は、その事業年度において損金算入することができます。

　　① 各事業年度において行った特許権譲渡等取引ごとに、「(1)×((3)÷(2))」により計算した金額の合計額
　　(1) 特許権譲渡等取引の所得の金額
　　(2) 2025年4月1日以後開始事業年度の研究開発費の額のうち、その特許権譲渡等取引に直接関連する金額の合計額
　　(3) 上記(2)の金額に含まれる適格研究開発費の額の合計額
　　② 当期の所得の金額

〈用語説明〉
　(1) 特定特許権等とは、2024年4月1日以後に取得又は製作をした特許権及び人工知能関連技術を活用したプログラムの著作権で一定のものをいいます。

(2) 特定特許権等の貸付けには、特定特許権等に係る権利の設定その他他の者に特定特許権等を使用させる行為を含みます。

(3) 研究開発費の額とは、研究開発費等に係る会計基準における研究開発費の額に一定の調整を加えた金額をいいます。

(4) 適格研究開発費の額とは、研究開発費の額のうち、特定特許権等の取得費及び支払ライセンス料、国外関連者に対する委託試験研究費並びに国外事業所等を通じて行う事業に係る研究開発費の額以外のものをいいます。

(5) 2027年4月1日前に開始する事業年度において、当期において行った特許権譲渡等取引に係る特定特許権等のうちに2025年4月1日以後最初に開始する事業年度開始の日前に開始した研究開発に直接関連するものがある場合には、前記①の金額は次の「イ×(ハ÷ロ)」とします。

　イ　当期に行った特許権譲渡等取引に係る所得の金額の合計額

　ロ　当期、前期及び前々期において生じた研究開発費の額の合計額

　ハ　上記ロの金額に含まれる適格研究開発費の額の合計額

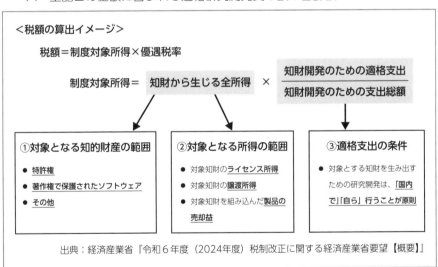

出典：経済産業省『令和6年度（2024年度）税制改正に関する経済産業省要望【概要】』

2027年3月まで、適用期限を3年延長

● 中小企業による複数回の M&A を集中的に支援します。
● 他の法人の株式等の取得価額の90%（2回目）もしくは100%（3回目以降）を損金算入できる措置を加えます。
● 益金算入開始までの据置期間を長期化します（5→10年間）。

解　説

　産業競争力強化法の改正を前提に、青色申告書を提出する法人で同法の改正法の施行の日から2027年3月31日までの間に産業競争力強化法の特別事業再編計画（仮称）の認定を受けた認定特別事業再編事業者（仮称）であるものが、下記の要件を満たしている場合において、中小企業事業再編投資損失準備金として積み立てた金額はその積み立てた事業年度において損金算入できる措置を加えます。

① 　現行制度

　中小企業者のうち、2024年3月31日までに事業承継等事前調査（実施する予定のデュー・デリジェンスの内容）に関する事項が記載された経営力向上計画の認定を受けたものが、株式取得によって M&A を実施する場合に（取得価額10億円以下に限ります）株式等の取得価額として計上する金額（取得価額、手数料等）の一定割合の金額を準備金として積み立てたときは、その事業年度において損金算入できる制度です。本制度の適用期限を3年延長します。

◆ M&A 実施時　：買手企業は、株式等の取得対価の70％以下の金額を準備
　　　　　　　　　金として積み立て　　　　　　⇒ 積立額を損金算入
◆取崩要件該当時：減損や株式売却等を行った場合は、準備金を取り崩す
　　　　　　　　　　　　　　　　　　　　　　　⇒ 取崩額を益金算入
◆5年経過後　　：措置期間後の5年間にかけて均等額で準備金を取り崩す
　　　　　　　　　　　　　　　　　　　　　　　⇒ 取崩額を益金算入

出典：中小企業庁『中小企業の経営資源の集約化に資する税制概要・手引き』

---

② 新制度の損金算入要件

　その認定に係る特別事業再編計画に従って、他の法人の株式等の取得（購入による取得に限ります）をし、かつ、これをその取得の日を含む事業年度の終了の日まで引き続き有している場合（その株式等の取得価額が100億円を超える金額又は1億円に満たない金額である場合及び一定の表明保証保険契約を締結している場合を除きます）において、その株式等の価格の低落による損失に備えるため、その株式等の取得価額に次の株式等の区分に応じそれぞれ次の割合を乗じた金額以下の金額を中小企業事業再編投資損失準備金として積み立てたこと。

　⑴　その認定に係る特別事業再編計画に従って最初に取得した株式等…90％

　⑵　上記⑴に挙げるもの以外の株式等…100％

③　準備金の取崩しにより益金算入となる場合（イメージは下図参照）

　⑴　その株式等の全部又は一部を有しなくなった場合

　⑵　その株式等の帳簿価額を減額した場合

　⑶　その積み立てた事業年度終了の日の翌日から10年を経過した日を含む事業年度から5年間でその経過した準備金の残高の均等額を取り崩した場合

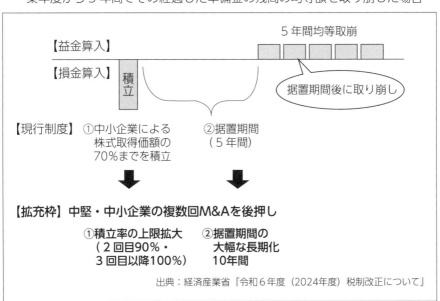

出典：経済産業省『令和6年度（2024年度）税制改正について』

3 資産課税

改正 1 直系尊属から住宅取得等資金の贈与を受けた場合の贈与税の見直し

適用期限を3年延長
住宅用家屋の省エネ性能の要件変更について、2024年1月1日から適用

● 適用期限を3年延長し、2026年12月31日までとします。

● 非課税限度額の上乗せ措置の適用対象となる住宅用家屋の省エネ性能の要件変更について、2024年1月1日以後に贈与により取得する住宅取得等資金について適用します。

● 住宅取得等資金の贈与を受けた場合の相続時精算課税制度の特例も適用期限を3年延長し、2026年12月31日までとします。

解　説

　2022年1月1日から2023年12月31日の間に、父母や祖父母など直系尊属からの贈与により、自己の居住の用に供する住宅用家屋の新築、取得又は増改築等の対価に充てるための金銭を取得した場合において一定の要件を満たすときは、次の非課税限度額までの金額について贈与税が非課税となります。

対象住宅	非課税限度額
省エネ等(省エネ、耐震、バリアフリー)	1,000万円
上記以外	500万円

この直系尊属から住宅取得等資金の贈与を受けた場合の贈与税の非課税措置について、次のとおり見直しが行われます。

① 　適用期限が 3 年延長され、2026年12月31日までとなります。

② 　非課税限度額の上乗せ措置の適用対象となる住宅用家屋の省エネ性能の要件について、住宅用家屋の新築又は建築後使用されたことのない住宅用家屋を取得する場合において、次のとおり変更され、2024年 1 月 1 日以後に贈与により取得する住宅取得等資金について適用となります。なお、既存住宅・増改築についての要件の見直しはありません。

対象住宅 （新築住宅）	改正前	改正後
省エネ	断熱等性能等級 4 以上又は一次エネルギー消費量等級 4 以上	断熱等性能等級 5 以上かつ一次エネルギー消費量等級 6 以上
耐震	耐震等級 2 以上又は免震建築物	改正なし
バリアフリー	高齢者等配慮対策等級 3 以上	改正なし

　なお、省エネ性能が、断熱等性能等級 4 以上又は一次エネルギー消費量等級 4 以上であり、かつ、次のいずれかに該当するものであるときは、省エネ性能の要件を充足するものとみなします。

⑴ 　2023年12月31日以前に建築確認を受けているもの

⑵ 　2024年 6 月30日以前に建築されたもの

改正 ② 事業承継税制の特例承継計画等の提出期限の延長

特例承継計画等の提出期限を2026年3月31日まで2年延長

- 非上場株式等に係る相続税・贈与税の納税猶予の特例制度（以下「法人版事業承継税制」の特例措置）及び個人事業者の事業用資産に係る相続税・贈与税の納税猶予制度（以下「個人版事業承継税制」といいます）について、特例承継計画及び個人事業承継計画の提出期限を2年延長します。
- 適用期限については延長されていません。

解 説

　2018年度税制改正により法人向けの事業承継税制が抜本的に拡充され、2019年度税制改正により個人事業者向けの事業承継税制が創設されました。

　事業承継税制は、中小企業の円滑な世代交代を通じた生産性向上のために、事業承継時の贈与税・相続税負担を実質ゼロにする時限措置ですが、コロナ禍や物価高騰等の急激な経営環境の変化により、事業承継の具体的な検討が遅れている影響が考えられます。

　法人版事業承継税制における特例承継計画及び個人版事業承継税制における個人事業承継計画の提出期限がともに2024年3月31日であるところ、今回の税制改正では、2026年3月31日まで2年延長します。

　なお、適用期限（法人版事業承継税制の特例措置は2027年12月31日、個人版事業承継税制は2028年12月31日）の延長はありません。

【法人版事業承継税制の概要】

	一般措置	特例措置（時限措置）
猶予対象株式数	総株式数の最大2／3まで	上限なし
適用期限	なし	10年以内の贈与・相続等 （2027年12月31日まで）
猶予割合	贈与税　100% 相続税　80%	贈与税・相続税ともに 100%
承継方法	複数株主から 1名の後継者に承継可能	複数株主から 最大3名の後継者に承継可能
雇用確保要件	承継後5年間 平均8割の雇用維持が必要	未達成の場合でも 猶予継続可能に

出典：経済産業省『令和6年度（2024年度）税制改正に関する経済産業省要望【概要】』

【事業承継税制のスケジュール】

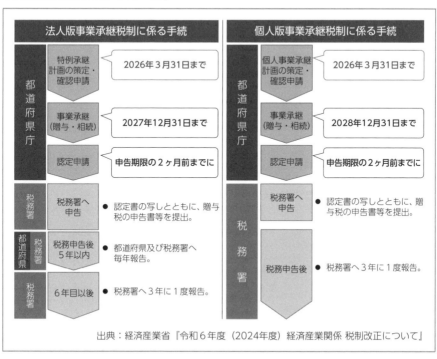

出典：経済産業省『令和6年度（2024年度）経済産業関係 税制改正について』

各種特例の適用期限を2～3年延長

● 譲渡所得の各種特例の適用期限を2～3年延長し、2025年12月31日～2026年12月31日までとします。

解 説

譲渡所得の各種特例について、次のとおり見直しが行われます。

項目	改正案	適用期限
収用交換等の場合の譲渡所得の5,000万円の特別控除	①適用対象に、次の場合により補償金を取得する場合を加えます。 (1)土地収用法に規定する事業の施行者が行う当該事業の施行に伴う漁港水面施設運営権の消滅 (2)地方公共団体が漁港漁場整備法に基づき公益上やむを得ない事情による漁港水面施設運営権の取消しに伴う資産の消滅等 ②障害者総合支援法の就労移行支援の用に供する土地等について、所要の法令改正を前提に、引き続き、簡易証明制度の対象とします。	－
特定土地区画整理事業等のために土地等を譲渡した場合の譲渡所得の2,000万円の特別控除	①都市緑地法等の改正を前提に、適用対象に次の措置を講じます。 (1)特別緑地保全地区内の土地等が同法の規定により都市緑化支援機構(仮称)(一定のものに限ります)に買い取られる場合を加えます。 (2)特別緑地保全地区内の土地等が同法の規定により緑地保全・緑地推進法人に買い取られる場合を除外します。 ②適用対象に、古都保存法に規定する歴史的風土特別保存地区内の土地等が同法の規定により都市緑化支援機構(仮称)(一定のものに限ります)に買い取られる場合を加えます。	－

特定住宅地造成事業等のために土地等を譲渡した場合の譲渡所得の1,500万円の特別控除	適用期限を3年延長します。	2026年12月31日まで
特定居住用財産の買換え及び交換の特例	適用期限を2年延長します。	2025年12月31日まで
居住用財産の買換え等の場合の譲渡損失の損益通算及び繰越控除	次の措置を講じます。 ⑴適用期限を2年延長します。 ⑵所要の経過措置を講じた上、本特例の適用を受けようとする個人が買換資産の住宅借入金等に係る債権者に対して住宅取得資金に係る借入金等の年末残高等調書制度の適用申請書を提出している場合には、住宅借入金等の残高証明書の確定申告書への添付を不要とします。 なお、2024年1月1日以後に行う譲渡資産の譲渡について適用します。	2025年12月31日まで
特定居住用財産の譲渡損失の損益通算及び繰越控除	適用期限を2年延長します。	2025年12月31日まで
既存住宅に係る特定の改修工事をした場合の所得税額の特別控除	次の措置を講じた上で、適用期限を2年延長します。 ⑴合計所得金額要件を、2,000万円以下(現行3,000万円以下)に引き下げます。 ⑵省エネ改修工事のうち省エネ設備の取替え又は取付け工事について、エアコンディショナーに係る基準エネルギー消費効率の引上げに伴い、省エネルギー基準達成率を107%以上(現行114%以上)に変更します。	2025年12月31日まで
認定住宅等の新築等をした場合の所得税額の特別控除	合計所得金額要件を、2,000万円以下(現行3,000万円以下)に引き下げた上、適用期限を2年延長します。	2025年12月31日まで

改正 ④ 登録免許税・固定資産税・不動産取得税の各種措置の延長

> 〈登録免許税の軽減措置〉2027年 3 月31日まで延長
> 〈土地に係る固定資産税の負担調整措置〉2026年度まで継続
> 〈不動産取得税の特例措置〉2027年 3 月31日まで延長

● 登録免許税の税率の軽減措置の適用期限を 3 年延長します。
● 土地に係る固定資産税の負担調整措置について、現行の負担調整措置の仕組みを継続します。
● 不動産取得税の特例措置について、2027年 3 月31日まで延長します。

解　説

① 登録免許税の軽減措置

　住宅用家屋の所有権の保存登記、移転登記又は住宅取得資金の貸付け等に係る抵当権の設定登記に対する登録免許税の税率の軽減措置の適用期限が 3 年延長され、2027年 3 月31日までとなります。

　なお、土地売買による所有権の移転登記等の軽減措置は、昨年度税制改正により適用期限は2026年 3 月31日まで延長されています。

② 固定資産税の負担調整措置

　土地に係る固定資産税の負担調整措置については、現行の負担調整措置の仕組みを2026年度まで継続します。

　負担調整措置とは、商業地等及び住宅用地について、負担水準（前年度の課税標準額÷当年度の評価額）に応じて当年度の課税標準額を調整する措置をいいます。

対象	負担水準	当年度の課税標準額
商業地等	70%超	当年度の評価額×70%
	60%以上70%以下	前年度の課税標準額と同額
	60%未満	前年度の課税標準額＋ 当年度の評価額×5%[※1、2]
住宅用地	100%以上	当年度の評価額の100%
	100%未満	前年度の課税標準額＋ 当年度の評価額×5%[※2]

※1　当年度の評価額の6割を超える場合には当年度の評価額×60%とします。
※2　当年度の評価額の2割に満たない場合には当年度の評価額×20%とします。

③　不動産取得税の特例措置

　(1)　宅地評価土地の取得に係る不動産取得税の課税標準を価格の2分の1とする特例措置の適用期限を3年延長します。

　(2)　住宅及び土地の取得に係る不動産取得税の課税標準(本則4%)を3%とする特例措置の適用期限を3年延長します。

4 その他

改正 1 国外事業者に係る事業者免税点制度の特例の見直し

2024年10月1日以後に開始する事業年度から適用

● 消費税における事業者免税点制度とは、小規模事業者の事務負担や税務執行コストへの配慮から設けられている特例措置をいいます。
● 国外事業者に係る事業者免税点制度の見直しが行われます。

解 説

　国外事業者により、消費税の納税義務の免除（事業者免税点制度）の特例等を利用した租税回避が行われている状況を是正するため、国外事業者に係る次の制度について適用の見直しが行われます。
① 　特定期間における課税売上高による納税義務の免除の特例について、課税売上高に代わり適用可能とされている給与支払額による判定の対象から国外事業者を除外します。
② 　資本金1,000万円以上の新設法人に対する納税義務の免除の特例について、外国法人は基準期間を有する場合であっても、国内における事業の開始時に本特例の適用の判定を行います。
③ 　資本金1,000万円未満の特定新規設立法人に対する納税義務の免除の特例について、本特例の対象となる特定新規設立法人の範囲に、その事業者の国外分を含む収入金額が50億円超である者が直接又は間接に支配する法人を設立した場合のその法人を加えるほか、上記(2)と同様の措置を講じます。

	改正前	改正後
特定期間の特例	特定期間における課税売上高が1,000万円超の場合は納税義務が免除されません。なお、1,000万円超の判定は、課税売上高に代えて給与（居住者分）の合計額にすることもできます。	非居住者への給与が判定対象となっておらず、国外事業者に対して当該特例が適切に機能していないため、国外事業者については「給与居住者分の合計額」による判定を認めません。
新設法人の特例	資本金等が1,000万円以上の法人である場合（基準期間がない課税期間が対象）納税義務が免除されません。	国外事業者は、日本への進出時点で設立から一定期間経過していることが一般的であり、当該特例が適用されないことを踏まえ、外国法人については、日本における事業を開始した時点での資本金等により当該特例を適用します。
特定新規設立法人の特例	国内の課税売上高が5億円超の法人等が設立した資本金等1,000万円未満の法人である場合（基準期間がない課税期間が対象）納税義務が免除されません。	大企業であっても日本での課税売上高がない場合には一律に当該特例の対象外となってしまうため、全世界における収入金額が50億円超の法人等が資本金等1,000万円未満の法人を設立した場合も対象となります。

改正② 次年度以降に向けての検討事項

適用時期は未定（大綱に記載なし）

- 外国人旅行者向けの免税制度の見直し
- 扶養控除等の見直し
- 私的年金等に関する税制のあり方
- 人的控除をはじめとする各種控除の見直し
- 記帳水準の向上等
- 新たな国際課税ルールへの対応
- インボイス制度開始後初めての確定申告期に向けた対応等
- 税務手続のデジタル化・キャッシュレス化による利便性の向上
- 地方税務手続のデジタル化
- 課税・徴収関係の整備・適正化

解　説

　デフレ脱却に向けた税制面での取組みに加え、人口減少、経済のグローバル化など、国内外の経済社会の構造変化を踏まえた次のような検討が税制改正大綱に示されています。

① 外国人旅行者向けの免税制度の見直し

　2024年税制改正においては、横流しされた免税購入品と知りつつ仕入れた場合には当該仕入税額控除を認めないとする以下の措置を講じます。

　(1) 出国時に税関において持ち出しが確認された場合に免税販売が成立します。

　(2) 2024年税制改正においては、横流し免税購入品を悪意で仕入れた場合には仕入税額控除が認められません。

　2014年度の税制改正以降、外国人旅行者向け免税制度は、インバウンドによる消費拡大の弊害として、多額・多量の免税購入物品が国外に持ち出されず、国内で横流しされている事例が多発しています。出国時に免税購入品を所持していない旅行者を捕捉し即時徴収しても多くが滞納となっています。不正排除及び免

税店においても不正排除のための負担を負うことのない制度とするため、出国時に税関において持ち出しが確認された場合に免税販売が成立する制度とします。実務上は、免税店が販売時に外国人旅行者から消費税相当額を預かり、出国時に持ち出しが確認された場合に、旅行者にその消費税相当額を返金する仕組みとします。

制度の詳細については、2025年度税制改正において結論を得るとしています。

② 扶養控除等の見直し

扶養控除の見直し、ひとり親控除については、2025年度税制改正において結論を得るとしています（個人所得課税・改正②も参照）。

(1) 児童手当の所得制限を撤廃し、支給期間について高校生まで延長します。

(2) ひとり親控除の所得税の控除額について、現行の合計所得金額500万円以下を1,000万円以下に引き上げます。

(3) ひとり親控除の所得税の控除額について、現行の35万円を38万円に引き上げ、個人住民税の控除額について現行の30万円を33万円に引き上げます。

高校生世代は子育て世帯において教育費等の支出がかさむ時期であることに鑑み、現行の一般部分（国税38万円、地方税33万円）に代えて、かつて高校実質無償化に伴い撤廃された特定扶養親族に対する控除の上乗せ部分（国税25万円、地方税12万円）を復元し、高校生年代に支給される児童手当と合わせ、全ての子育て世帯に対する実質的な支援を拡充しつつ、所得階層間の支援の平準化を図ります。

各府省庁においては、今回の扶養控除の見直しにより影響を受ける所管制度等を網羅的に把握し、課税総所得金額や税額等が変化することによる各制度上の不利益が生じないように適切な対応等を行う必要があります。

扶養控除の見直しについては、2025年度税制改正においてこれらの状況等を確認することを前提に、2024年10月からの児童手当の支給期間の延長が満年度化した後の2026年分以降の所得税と2027年度分以降の個人住民税の適用について結論を得ます。

ひとり親控除について、とりわけ困難な境遇に置かれているひとり親の自立支援を進める観点から、対象となるひとり親の所得要件について引上げを行っています。こうした見直しについて、2026年分以降の所得税と2027年度分以降の個人住民税の適用について扶養控除の見直しと合わせて結論を得ます。

③ 私的年金等に関する税制のあり方

働き方やライフコースが多様化する中、老後の生活や資産形成を税制が左右し

ないよう、個人型確定拠出年金（iDeCo）の加入可能年齢の70歳への引上げや拠出限度額の引上げについて、2024年の公的年金の財政検証に合わせて、所要の法制上の措置を講ずることを検討します。

例えば各種私的年金の共通の非課税拠出枠や従業員それぞれに私的年金等を管理する個人退職年金勘定を設ける等、具体的な案の検討を行います。

④　人的控除をはじめとする各種控除の見直し

個人所得税については、わが国の社会構造、経済社会の構造変化を踏まえ、配偶者控除等の見直し、給与所得控除・公的年金等控除・基礎控除の一体的な見直しなどの取組みを進めてきています。

引き続き、格差の是正及び所得再分配機能の適切な発揮、働き方に対する中立の確保、子育て世帯の負担への配慮といった観点から、歳出面を含めた政策全体での対応を踏まえつつ、個人所得課税における人的控除をはじめとする各種控除のあり方について検討を行います。

⑤　記帳水準の向上等

記帳水準の向上は、適正な税務申告の確保のみならず、経営状況を可視化し、経営の対応力を向上させる上でも重要です。加えて、売上や資産・負債等の状況が適切に記録されていれば、中小・小規模事業者による迅速な給付金の受給や融資につながるなど、日々の適正な記帳の重要性が改めて浮き彫りになっています。

現状では個人事業者の場合、正規の簿記の原則に従った記帳を行っているものは約3割にとどまっています。また、簡易簿記の申告者の3分の1超が10年以上簡易簿記による記帳を続けている状況にもあります。

近年、普及しつつある会計ソフトを活用することで大きな手間や費用をかけずに正規の簿記を行うことが可能な環境が整ってきていることを踏まえ、複式簿記による記帳をさらに普及・一般化させる方向で、納税者側での事務負担、対応可能性も十分に踏まえつつ、所得税の青色申告制度の見直しを含めた個人事業者の記帳水準向上等に向けた検討を行います。

⑥　新たな国際課税ルールへの対応

所得合算ルール（ＩＩＲ：Income Inclusion Rule)については、ＯＥＣＤ（経済協力開発機構）により発出されたガイダンスの内容や、国際的な議論の内容を踏まえた制度の明確化等の観点から所要の見直しを行います。

ＯＥＣＤにおいて来年以降も引き続き実施細目が議論される見込みであるもの等については、国際的な議論も踏まえ、2025年度税制改正以降の法制化を検討します。

⑦　インボイス制度開始後初めての確定申告期に向けた対応等

　インボイス制度開始後初めての確定申告期に向け、事業者においては新たな事務負担が生じていることにも配慮し、納税者や税理士が円滑に申告手続を行えるよう、売上税額から納付税額を計算できる激変緩和措置（いわゆる 2 割特例）等の周知に努め、引き続き納税者からの相談に的確かつ丁寧に対応できるように万全の相談体制を確保します。

⑧　税務手続のデジタル化・キャッシュレス化による利便性の向上

　経済社会のデジタル化に伴い、電子申告等の手続の簡素化や処分通知等の電子交付の拡充、法定調書の電子提出を一層進めていくための措置等を講じます。

　また、デジタル化やキャッシュレス化に対応した税制のあり方や納付方法の多様化について引き続き検討していきます。

⑨　地方税務手続のデジタル化

　地方税においてもさらなるデジタル化に向け、地方税関係通知のうち、固定資産税、自動車税種別割等の納税通知等について、eLTAX 及びマイナポータルの更改・改修スケジュールを考慮し、eLTAX を通じた電子納付の対象に地方税以外の地方公金を追加するための措置を講じます。

　個人住民税において、扶養控除等を公正に適用するため、市町村が扶養に関する情報をより効果的に把握できる情報連携の仕組みを検討します。

　今後、課税情報とマイナンバーの紐付けが確実に行われるように地方公共団体において、適切かつ速やかな紐付け及び副本登録が行われるよう促すこととし、2024年度中を目途に地方自治体における実施状況のフォローアップを行います。

⑩　課税・徴収関係の整備・適正化

　納税者が申告後に税額の減額を求めることができる更生の請求において、仮装・隠蔽が行われているものの、現行制度上、重加算税等が課されない事例が把握されていることを踏まえ、重加算税等の見直しを行います。また、不正申告を行った法人の代表者等に対する徴収手続の整備等の所要の措置を講じます。

FPカレンダー

Coffee Break

	税・社会保険・法律改正等	金融・政治・経済・社会等
1月	新NISA開始 新築住宅等の住宅ローン控除限度額引き下げ 相続時精算課税、年間基礎控除110万円控除可能に 　相続税の課税価格への加算も同様の変更 国民健康保険の産前産後保険料免除 下旬　消費者物価指数の改定を受けて 　　　2024年度の年金額が決定 31日　固定資産税（償却資産）申告期限 　　　支払調書の提出期限、源泉徴収票の 　　　交付 　　　給与支払報告書の提出期限 　　　個人住民税普通徴収2023年度第4期 　　　分納付	22・23日　日銀金融政策決定会合 25日　ECB金融政策決定会合 30・31日　FOMC
2月	1日　贈与税確定申告開始（〜3月15日） 15日　年金支給 16日　所得税確定申告開始（〜3月15日） 中旬　児童手当支給	15日　日本GDP（10〜12月）1次速報
3月	15日　贈与税・所得税申告期限 　　　個人事業の青色申告承認申請、減価 　　　償却変更期限 全国健康保険協会管掌健康保険、介護保険 の料率改定 年度内に税制改正法案成立	5日　米大統領選挙スーパーチューズデー 7日　ECB金融政策決定会合 18・19日　日銀金融政策決定会合 19・20日　FOMC 26日　公示価格公表
4月	国民年金保険料改定(月額16,980円) 在職老齢年金支給停止調整額50万円に 公的年金額改定 15日　年金支給	1日　日銀短観公表（3月調査分） 11日　ECB金融政策決定会合 25・26日　日銀金融政策決定会合 30・1日　FOMC
5月		中旬　GDP（1-3月期）1次速報
6月	労働保険の年度更新 14日　年金支給 中旬　児童手当支給 給与所得者、年金受給者の所得税定額減税 開始 事業所得者等の住民税定額減税開始	6日　ECB金融政策決定会合 11・12日　FOMC 13・14日　日銀金融政策決定会合 13〜15日　G7サミット開催(イタリア)
7月	1日　個人住民税普通徴収2024年度第1 　　　期分納付 給与所得者の住民税定額減税開始	1日　日銀短観公表（6月調査分） 3日　新紙幣使用開始 上旬　路線価公表 18日　ECB金融政策決定会合 26日　パリオリンピック（〜8月11日） 30・31日　日銀金融政策決定会合 30・31日　FOMC

月			
8月	雇用保険の給付改定 15日　年金支給	中旬　GDP（4-6月期）1次速報	
9月	社会保険　定時決定による標準報酬月額の改定 2日　個人住民税普通徴収2024年度第2期分納付 個人事業税第1期分納付	12日　ECB金融政策決定会合 17・18日　FOMC 19・20日　日銀金融政策決定会合 下旬　基準地標準価格公表 自民党総裁任期満了	
10月	15日　年金支給 中旬　児童手当支給 31日　個人住民税普通徴収2024年度第3期分納付 年金受給者の住民税定額減税開始	1日　日銀短観公表（9月調査分） 17日　ECB金融政策決定会合 30・31日　日銀金融政策決定会合	
11月		5日　米大統領選挙 5日　東証立会内取引15時30分までに 6・7日　FOMC 中旬　GDP（7-9月期）1次速報 G20サミット	
12月	確定拠出年金掛金上限見直し 2日　個人事業税　第2期分納付 13日　年金支給 中旬　改正児童手当支給 中旬　税制改正大綱発表？	12日　ECB金融政策決定会合 17・18日　FOMC 18・19日　日銀金融政策決定会合 中旬　日銀短観公表(12月調査分)	
1月	下旬　消費者物価指数の改定を受けて2025年度の年金額が決定 31日　固定資産税(償却資産)申告期限 支払調書の提出期限、源泉徴収票の交付 給与支払報告書の提出期限 個人住民税普通徴収2024年度第4期分納付	※	
2月	3日　贈与税確定申告開始(～3月17日) 14日　年金支給 17日　所得税確定申告開始(～3月17日) 中旬　改正児童手当支給	中旬　日本GDP(10～12月)1次速報 ※	
3月	17日　贈与税・所得税申告期限 個人事業の青色申告承認申請、減価償却変更期限 全国健康保険協会管掌健康保険、介護保険の料率改定 年度内に税制改正法案成立？	下旬　公示価格公表 ※	

※　金融政策決定会合スケジュールは未定

第 **2** 章

"税務"
ここが変わる!

　個人についてはNISAの拡充および恒久化により、従前のNISAと比べて、継続的な資産形成や個人のライフステージに応じた投資をすることができるようになりました。また、相続時精算課税制度および暦年課税制度の見直し、居住用区分所有財産評価の見直しなど重要な改正が施行されます。

　その他、電子帳簿等保存法の猶予措置が施行されます。

1 個人課税

改正① NISAの拡充および恒久化

2024年1月1日以降適用

- 簡素で分かりやすく、使い勝手のよい制度とするため、NISAの抜本的拡充・恒久化を行います。
- 改正前の一般NISAおよびつみたてNISAの投資期間は2023年12月31日までとし、2024年1月1日以降は、つみたて投資枠（年間投資上限120万円）および成長投資枠（年間投資上限240万円）の併用投資が可能となる新NISA制度を創設します。
- 新NISA制度では、生涯投資限度額（総枠）を1,800万円として設け（うち成長投資枠1,200万円）、非課税期間は無期限とします。
- 生涯投資限度額の判定は取得価額合計額とされており、商品を売却した場合には再投資が可能となります。

解 説

　若年期から高齢期に至るまで、長期・積立・分散投資による継続的な資産形成を行えるよう、非課税保有期間を無期限化するとともに、口座開設可能期間については期限を設けず、NISA制度の抜本的拡充・恒久化を行います。

　あわせて、個人のライフステージに応じて、資金に余裕があるときに短期間で集中的な投資を行うニーズにも対応できるよう、つみたて投資枠（年間投資上限120万円）および成長投資枠（年間投資上限240万円）を設定し、年間投資上限額を拡充するとともに、投資余力が大きい高所得者層に対する際限ない優遇とならないよう、年間投資上限額とは別に、一生涯にわたる非課税限度額を設定することとします。

① 改正の概要

旧 NISA 制度の概要

	つみたて NISA	一般 NISA	ジュニア NISA
投資可能期間	2042年まで	2028年まで	2023年まで
非課税保有期間	20年間	5年間	5年間※1
年間投資枠	40万円	120万円	80万円
非課税限度額	800万円	600万円	400万円
対象商品	長期の積立・分散投資に適した株式投信	上場株式、ETF、REIT、株式投信	上場株式、ETF、REIT、株式投信
対象年齢	20歳※2以上	20歳※2以上	20歳※2未満

※1　18歳まで非課税で保有可能とする特例あり
※2　2023年以降は18歳

新 NISA 制度の概要

	つみたて投資枠	併用可	成長投資枠
投資可能期間	無期限化		無期限化
非課税保有期間※1	無期限化		無期限化
年間投資枠	120万円		240万円
非課税保有限度額（総枠）※2	1,800万円 簿価残高方式で管理（枠の再利用が可能）		
			1,200万円(内数)
口座開設期間	恒久化		恒久化
投資対象商品	積立・分散投資に適した一定の投資信託		上場株式・投資信託等（①整理・監理銘柄②信託期間20年未満、高レバレッジ型および毎月分配型の投資信託等を除外）
対象年齢	18歳以上		18歳以上
現行制度との関係	2023年末までに現行の一般 NISA およびつみたて NISA 制度において投資した商品は、新しい制度の外枠で、現行制度における非課税措置を適用 現行制度から新しい制度へのロールオーバーは不可		

※1　非課税保有期間の無期限化に伴い、現行のつみたて NISA と同様、定期的に利用者の住所等を確認し、制度の適正な運用を担保
※2　利用者それぞれの非課税保有限度額については、金融機関から一定のクラウドを利用して提供された情報を国税庁において管理

出典：金融庁『令和5（2023）年度税制改正について』（一部改変）

② 旧制度との関係

　2023年末までに旧制度の一般 NISA およびつみたて NISA 制度において投資した商品は、新 NISA 制度の枠外で、旧制度における非課税措置を適用します。

ジュニア NISA において投資した商品は、5 年間で非課税保有措置が終了した場合、所定の手続きを取ることなく、自動的に継続管理勘定へ移管されます。

③　適用時期

　2024年 1 月 1 日以降に適用されます。

④　その他の留意点

　生涯非課税限度額（1,800万円）は、新 NISA 対象の商品の取得価額で判断することとなるため、対象商品を売却することで限度枠を再利用することが可能となります。

　厚生労働省の社会保障審議会の部会で、個人型確定拠出年金（iDeCo）加入対象年齢の上限を、今の65歳未満から70歳未満に引き上げることを了承したこともあり、今後新 NISA 制度も含めた個人投資が増加することが見込まれます。このため政府は、金融教育を国家戦略として推進するための体制を整備します。2024年 4 月に設立、同年 8 月に本格稼働する金融経済教育推進機構が、金融経済教育の機会を官民一体で全国的に拡充していく予定です。

2024年1月1日以後に贈与により取得する財産に適用または2024年1月1日以後に生ずる災害により被害を受ける場合に適用

● 相続時精算課税を適用した場合に、現行の基礎控除とは別途、課税価格から基礎控除110万円を控除することができます。相続発生時に相続財産に加算される財産の価額は基礎控除110万円控除後の価額とします。

● 相続時精算課税を適用し贈与を受けた一定の土地又は建物が贈与後、相続税申告書の提出期限までに災害によって一定の被害を受けた場合は、相続税の課税価格から被害額相当分を控除することができます。

● 暦年課税贈与については、相続財産に加算する生前贈与の期間が3年から7年に延長されます。

● 延長された期間に受けた贈与については、財産の価額の合計額から総額100万円を控除した残額を相続税の課税価格に加算します。

解 説

① 相続時精算課税制度の見直し

　相続時精算課税制度は、2003年の税制改正により、次世代への早期の資産移転と有効活用を通じた経済社会の活性化の観点から導入された制度です。選択後は生前贈与か相続かによって税負担は変わらず、資産移転の時期に中立的な仕組みとなっており、暦年課税との選択制は維持しつつ、今回の税制改正により同制度の使い勝手が向上されています。

　具体的には、申告等に係る事務負担を軽減する等の観点から、相続時精算課税においても、暦年課税と同水準の基礎控除を創設しています。これにより、生前にまとまった財産を贈与しにくかった者にとっても、相続時精算課税を活用することで、次世代に資産を移転しやすい税制となっています。

　(1) 相続時精算課税制度による基礎控除の新設

　　相続時精算課税適用者が特定贈与者から贈与により取得した財産に係るその年分の贈与税については、現行の基礎控除とは別途、課税価格から基礎控除

110万円を控除できることとするとともに、特定贈与者の死亡に係る相続税の課税価格に加算等をされる当該特定贈与者から贈与により取得した財産の価額は、上記の控除をした後の残額とします。

(2) 贈与財産が災害により被害を受けた場合の再計算

相続時精算課税適用者が特定贈与者から贈与により取得した一定の土地または建物が当該贈与の日から当該特定贈与者の死亡に係る相続税の申告書の提出期限までの間に災害によって一定の被害を受けた場合には、当該相続税の課税価格への加算等の基礎となる当該土地又は建物の価額は、当該贈与の時における価額から当該価額のうち当該災害によって被害を受けた部分に相当する額を控除した残額とします。

(3) 適用期限

上記(1)の改正は2024年1月1日以後に贈与により取得する財産に係る相続税又は贈与税について適用します。

上記(2)の改正は2024年1月1日以後に生ずる災害により被害を受ける場合について適用します。

【相続時精算課税制度の改正前と改正後】

	改正前	改正案
贈与税	(贈与額－2,500万円)×20%	{(贈与額-110万円)－2,500万円}×20%
申告方法	贈与税申告が必要	同左(110万円以下の贈与の場合は不要)
対象	相続時精算課税適用後の全ての贈与財産	同左(基礎控除110万円以下贈与財産は除く)
評価額	贈与時の評価額	同左(災害を受けた土地・建物については被害額相当分を控除)

② 暦年課税制度の見直し

資産移転の時期に中立性を高めていく観点から、暦年贈与制度が見直されます。

相続開始前3年以内に受けた贈与は相続財産に加算することになっている制度について、生前の暦年贈与が相続財産に持ち戻される期間が4年延長され、相続開始前7年間の暦年贈与財産が相続財産に加算されます。

ただし、延長した 4 年間に受けた暦年贈与のうち、総額100万円までは相続財産に加算されません。

　2024年 1 月 1 日以降の贈与財産に関する相続税から適用されるため、持ち戻し期間は段階的に伸び、2031年に発生した相続から 7 年間持ち戻されることとなります。

③　実務上のポイント

　相続時精算課税制度においては、改正前は少額の贈与であっても申告が必要であり相続発生時には全ての贈与財産が加算されていました。本改正によって110万円の基礎控除以下の贈与は申告不要とされ相続発生時の加算も不要となるため、現行制度と比較して次世代に資産を移転しやすい制度となっています。なお、暦年課税では相続税の課税価格に加算される相続発生前 7 年間の贈与に対し、延長された 4 年間のうち総額100万円を除き110万円の基礎控除部分も加算する必要があります。

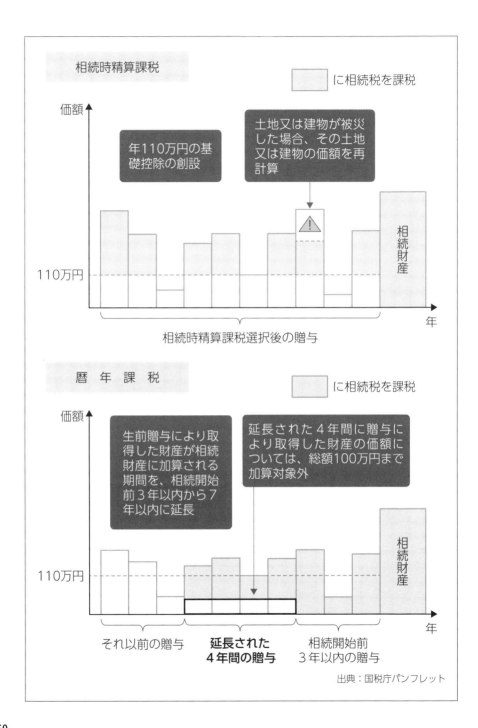

相続時精算課税

☐ に相続税を課税

価額

年110万円の基礎控除の創設

土地又は建物が被災した場合、その土地又は建物の価額を再計算

⚠

相続財産

110万円

年

相続時精算課税選択後の贈与

暦　年　課　税

☐ に相続税を課税

価額

生前贈与により取得した財産が相続財産に加算される期間を、相続開始前3年以内から7年以内に延長

延長された4年間に贈与により取得した財産の価額については、総額100万円まで加算対象外

相続財産

110万円

年

それ以前の贈与

延長された
4年間の贈与

相続開始前
3年以内の贈与

出典：国税庁パンフレット

● 「居住用の区分所有財産」の価額は、新たに定められた個別通達により
評価します。

解　説

　これまで、マンションについては、相続税評価額と市場価格とが大きく乖離し
ているケースが把握されており、このような論点で争われた令和4年4月の最高
裁判決以降、当該乖離に対する批判の高まりや、取引の手控えによる市場への影
響を懸念する向きも見られたことから、課税の公平を図りつつ、納税者の予見可
能性を確保する観点からも、類似の取引事例が多い分譲マンションについては、
いわゆるタワーマンションなどの一部のものに限らず、広く一般的に評価方法を
見直す必要性が認められました。

　そのような中、居住用の区分所有財産については、令和5年9月に新たに定め
た「居住用の区分所有財産の評価について」（法令解釈通達）により評価するこ
ととされました。

① 評価方法

　(1) 区分所有財産の評価算式

　　居住用の区分所有財産の価額は、次の算式のとおり評価します。

【算式（自用の場合）】

　価額＝区分所有権の価額（ア）＋敷地利用権の価額（イ）

　ア　従来の区分所有権の価額（家屋の固定資産税評価額×1.0）×区分所
　　　有補正率

　イ　従来の敷地利用権の価額（路線価を基とした1㎡あたりの価額×地積
　　　×敷地権の割合）×区分所有補正率

　なお、居住用の区分所有財産が貸家および貸家建付地である場合のその貸

家および貸家建付地の評価並びに小規模宅地等の特例の適用については、上記アおよびイの価額を基に行うこととなります。

(2) 区分所有補正率の算定式

区分所有補正率は、1「評価乖離率」、2「評価水準」、3「区分所有補正率」の順に、以下のとおり計算します。

1．評価乖離率

評価乖離率＝A＋B＋C＋D＋3.220

A……　一棟の区分所有建物の築年数※×△0.033

※　建築の時から課税時期までの期間（1年未満の端数は1年）

B……　一棟の区分所有建物の総階数指数※×0.239

※　総階数（地階を含みません）を33で除した値

C……　一室の区分所有権等に係る専有部分の所在階※×0.018

※　専有部分がその一棟の区分所有建物の複数階にまたがる場合（いわゆるメゾネットタイプの場合）には、階数が低い方の階

D……　一室の区分所有権等に係る敷地持分狭小度※×△1.195

※　**敷地持分狭小度＝敷地利用権の面積÷専有部分の面積（床面積）**

2．評価水準

評価水準（評価乖離率の逆数）＝1÷評価乖離率

3．区分所有補正率

評価乖離率と評価水準を次の表に当てはめて、区分所有補正率を計算します。

区　分	区分所有補正率
評価水準＜0.6	評価乖離率×0.6
0.6≦評価水準≦1	補正なし（従来の評価額で評価）
1＜評価水準	評価乖離率

つまり、評価乖離率や評価水準に基づく相続税評価額の補正に当たって、区分所有補正率は上記のように算定され、これにより、評価水準が6割未満となっている分譲マンションは市場価格理論値の6割となるように補正されます。

② 　個別通達の適用がないもの

　次の不動産については、従来の評価のとおりです。

- ・ 　事業用のテナント物件などの構造上、主として居住の用途に供することができるもの以外のもの
- ・ 　一棟所有の賃貸マンションなどの区分建物の登記がされていないもの
- ・ 　総階数 2 以下の低層の集合住宅などの地階を除く総階数が 2 以下のもの
- ・ 　いわゆる二世帯住宅などの一棟の区分所有建物に存する居住の用に供する専有部分一室の数が 3 以下であって、その全てを区分所有者又はその親族の居住の用に供するもの
- ・ 　棚卸商品等に該当するもの

2 その他

改正① 電子帳簿等保存法の猶予措置の施行

2024年1月1日以後に行う電子取引の取引情報に係る電磁的記録について適用

● 電子取引の取引情報に係る電磁的記録の保存制度について、2023年12月末で宥恕措置が終了し、猶予措置が講じられます。

解　説

　電子帳簿等保存制度とは、税法上保存等が必要な「帳簿」や「領収書・請求書・決算書などの国税関係書類」を、紙ではなく電子データで保存することに関する制度をいい、次の3つの制度に区分されています。このうち、電子取引データ保存制度については、原則として2024年1月1日以降の電子取引は、その取引情報について電磁的記録を保存しなければなりません。ただし、相当の理由がある場合には、猶予措置の適用が認められます。

① 電子帳簿保存制度の概要

(1) 電子帳簿等保存【希望者のみ】

　パソコン等で作成している帳簿や国税関係書類は、プリントアウトして保存するのではなく、電子データのまま保存ができます。例えば、会計ソフトで作成している仕訳帳やパソコンで作成した請求書の控え等が対象です。さらに、一定の範囲の帳簿を「優良な電子帳簿」の要件を満たして電子データで保存している場合には、後からその電子帳簿に関連する過少申告が判明しても過少申告加算税が5％軽減される措置があります。

(2) スキャナ保存【希望者のみ】

　決算関係書類を除く国税関係書類（取引先から受領した紙の領収書・請求書等）は、その書類自体を保存する代わりに、スマホやスキャナで読み取った電

子データを保存することができます。

(3) 電子取引データ保存【強制】

　申告所得税・法人税に関して帳簿・書類の保存義務が課されている者は、注文書・契約書・送り状・領収書・見積書・請求書などに相当する電子データをやりとりした場合には、その電子データ（電子取引データ）を保存しなければなりません。

　「やむを得ない事情がある場合、税務調査などで出力書面の提示または提出に応じられれば、電子取引データの紙保存も可」という宥恕措置は2023年12月31日で終了となりましたが、2024年1月以降猶予措置が講じられます。

② 電子取引データの保存ルールおよび猶予措置

　電子データは、改ざん防止のための事務処理規程を定めて守るなど、改ざん防止のための措置をとる必要があります。また、取引データは、日付・金額・取引先で検索できる必要があります。

　ただし、電子取引の取引情報に係る電磁的記録を保存要件に従って保存をすることができなかったことについて相当の理由があるときには、猶予措置が講じられます。2023年12月末までに行う電子取引を対象とした宥恕措置では、出力書面のみを保存する方法で対応することが認められていましたが、2024年1月以降に行う電子取引を対象とした猶予措置では、出力書面の提示等に加え、電子データそのものも保存しておき、提示等ができるようにしておく必要があります

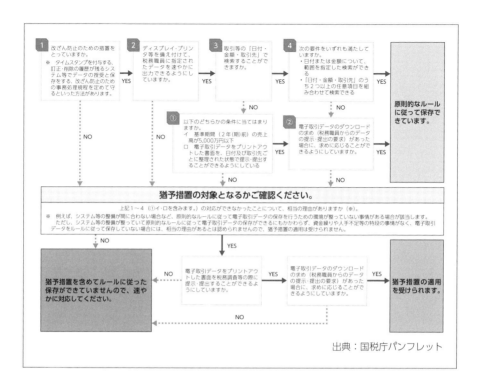

1 改ざん防止のための措置を
とっていますか。

※ タイムスタンプを付与する、
訂正・削除の履歴が残るシス
テム等でデータの授受と保
存をする、改ざん防止のため
の事務処理規程を定めて守
るといった方法があります。

2 ディスプレイ・プリン
タ等を備え付けて、
税務職員に指定され
たデータを速やかに
出力できるようにし
ていますか。

3 取引等の「日付・
金額・取引先」で
検索することがで
きますか。

4 次の要件をいずれも満たして
いますか。

・日付または金額について、
範囲を指定した検索ができ
る

・「日付・金額・取引先」のう
ち2つ以上の任意項目を組
み合わせて検索できる

**原則的なルール
に従って保存で
きています。**

① 以下のどちらかの条件に当てはまり
ますか。
イ　基準期間（2年（期）前）の売上
高が5,000万円以下
ロ　電子取引データをプリントアウ
トした書面を、日付及び取引先ご
とに整理された状態で提示・提出す
ることができるようにしている

② 電子取引データのダウンロード
の求め（税務職員からのデータ
の提示・提出の要求）があった
場合に、求めに応じることがで
きるようにしていますか。

猶予措置の対象となるかご確認ください。

上記1〜4（①イ・ロを含みます。）の対応ができなかったことについて、相当の理由がありますか（※）。

※　例えば、システム等の整備が間に合わない場合など、原則的なルールに従って電子取引データの保存を行うための環境が整っていない事情がある場合が該当します。
ただし、システム等の整備が整っていて原則的なルールに従って電子取引データの保存ができるにもかかわらず、資金繰りや人手不足等の特段の事情がなく、電子取引
データをルールに従って保存していない場合には、相当の理由があるとは認められませんので、猶予措置の適用は受けられません。

**猶予措置を含めてルールに従った
保存ができていませんので、速や
かに対応してください。**

電子取引データをプリントアウ
トした書面を税務調査等の際に
提示・提出することができるよ
うにしていますか。

電子取引データのダウンロード
の求め（税務職員からのデータ
の提示・提出の要求）があった
場合に、求めに応じることがで
きるようにしていますか。

**猶予措置の適用
を受けられます。**

出典：国税庁パンフレット

~急激な利上げ後に来る利下げ局面に向けて検討したい債券投資~

　コロナ禍で世界中がゼロ金利となり、その後、インフレ抑制を目的として、各国（地域）の中央銀行が政策金利を大幅に引き上げたため、債券価格は大幅に下落しました。アメリカFOMCは2022年3月から利上げを開始。2022年当初、政策金利は0～0.25%でしたが、2022年の年末時点で4.25～4.50%、2023年末時点で5.25～5.50%まで引き上げられました。2023年半ば以降、インフレ抑制を目的とした金利の引き上げも落ち着いてきたこともあり、債券投資が注目されています。今後、消費者物価が落ち着いてくれば、各国（地域）の中央銀行は、その目的とする物価の安定と雇用の最大化を目標とした平時の金融政策に戻すことが予想され、大幅に引き上げてきた政策金利をある程度、通常の水準まで引き下げることが予想されます。

　たとえば、アメリカの失業率は3%台で推移し、消費者物価指数も前年同月比3%前後で推移しています。物価と雇用の安定に問題がないと判断すれば、利下げに踏み切る可能性は低くないと考えられます。

　前述のとおり、金利と債券価格は逆相関の関係にあり、特に、今回の局面は短期間で金利が大幅に上昇しましたので、債券価格は短期間で大幅に下落しました。つまり、利下げに踏み切ると債券は上昇し、仮にゼロ金利になれば、大きく上昇することになります。

　債券価格には、価格変動リスクがあり、
・償還までの残存期間が長いほど価格変動リスク（＝振れ幅）は大きい
・表面利率が高い債券よりも低い債券のほうが価格変動リスクは大きい
　という特徴（リスク）、信用リスクを踏まえて判断する必要はありますが、
　債券投資は魅力的な局面ともいえます。

　通常の債券の表面利率は固定金利ですので、「信用度の高い発行体の債券」を「高金利の局面」で購入すると、保有し続ければ、高い利息を受け取ることでき、その後、金利が下がると、債券価格は上昇し、売却益が期待できます。なお、外貨建て債券には為替変動リスクがありますので、円高進行で債券の値上がり益が相殺され、結果として損失を被る可能性もありますので、その点にはご注意を!

第 3 章

"年金・社会保障" ここが変わる!

　　社会保障等に関する改正、変更を①年金に関する改正事項、②少子化対策、子育て支援のための改正事項、③多様な働き方に対応した改正事項の3つに分類して解説しました。

　　①では2024年度中に実施される改正、変更とともに、2025年に予定される年金法の改正について想定される改正項目をまとめました。②では国民健康保険の産前産後期間の保険料免除や新設される雇用保険の育児休業等給付について取り上げました。③では雇用保険、労災保険について、その対象者拡大などの改正を解説しました。

1 年金に関する改正事項

改正 ① 「67歳以下」「68歳以上」とも賃金連動で改定－2024年度年金額

2024年4月分（6月支給）の年金額から変更

● 毎年度の公的年金額のスライド改定は67歳以下の人（新規裁定者）は賃金に、68歳以上の人（既裁定者）は物価に連動するのが原則です。

● にもかかわらず、2024年度の年金額は「67歳以下」「68歳以上」とも賃金スライドによる改定となりました。これは、改定の基準となる賃金上昇率が物価上昇率を下回ったためです。

● また、マクロ経済スライドによる▲0.4％の調整率が反映され、基準となる変動率が物価変動率を下回ることと合わせ、年金額の伸びは物価上昇率を下回ることになりました。

解　説

1．賃金スライドか物価スライドか

　年金額は毎年度、物価や賃金の変動[注1]に応じて改定されます。その改定の仕組みは、もともと、67歳以下の人と68歳以上の人とでは異なっています。すなわち、「67歳以下」は賃金スライド、「68歳以上」は物価スライドとされています。

　より正確に述べると「67歳以下」はその年度に67歳に達する人およびそれより若い人、「68歳以上」はその年度に68歳に達する人およびそれより年輩の人です。したがって2024年度においては、1957年4月2日以後生まれの人が「67歳以下」、1957年4月1日以前生まれの人が「68歳以上」ということになります。

　この「67歳以下」「68歳以上」はそれぞれ新規裁定者、既裁定者と呼ばれるこ

ともあります。すなわち、65歳で受給権を得た場合、新規裁定時から翌々年度の改定までは新規裁定者として賃金スライドであり、それ以降は既裁定者として物価スライドになります^(注2)。

なぜ、新規裁定者と既裁定者とで改定の仕組みが異なっているのでしょうか。新規裁定者に現役世代の賃金の上昇を反映させるのは、賃金上昇による生活水準の向上の恩恵を年金受給者にも享受させる意味があります。一方で、受給を開始したあとは、物価の変動にスライドすることで年金の実質的な価値が変わらないようにするねらいがあります（逆にいえば、既裁定者には賃金の上昇による生活水準の向上は反映されないということです）。

このように、「67歳以下」と「68歳以上」とで改定の基準が異なるのですが、これは、賃金上昇率が物価上昇率を上回る場合（賃金下落率が物価下落率より小さい場合などを含む）の取扱いです。賃金上昇率が物価上昇率を上回る状態というのは、物価よりも賃金が上がる状態ですから、生活水準が上昇している状態です。このような経済的に好ましい状況のもとでは、新規裁定者は賃金連動、既裁定者は賃金より低い上昇率である物価連動とされているのです。

これが、原則的な改定ルールなのですが、例外的なルールもあります。それは、賃金上昇率が物価上昇率を下回る場合（賃金下落率が物価下落率よりも大きい場合などを含む）に適用されるもので、その場合は「67歳以下」だけでなく「68歳以上」も物価上昇率よりも低い賃金上昇率を基準に改定されます（〔表1〕参照）。

賃金が物価よりも上がらない状況で原則ルールどおりに改定されると、物価連動の「68歳以上」の年金のほうが賃金連動の「67歳以下」よりも増えることになるので、「68歳以上」も低いほうの賃金連動の甘受を迫られるということです。賃金上昇率が物価上昇率を下回る状態は、賃金の伸びが物価に追いつかない状態ですから、暮らし向きが苦しくなる状態です。わかりやすくいえば、現役世代が苦労しているのだから年金受給者も低い伸びで我慢せよ、ということでしょうか。

2．本来なら基礎年金満額は3通りになるはずが……

さて、2024年度の年金額改定の基礎となる数値は以下のとおりで、賃金上昇率が物価上昇率を下回りました。

・物価変動率：3.2%

・賃金変動率：3.1%

したがって、上述の例外規定により、「67歳以下」「68歳以上」とも3.1%の賃金スライドにより改定されることになりました。

　さらに、この率にマクロ経済スライドによる調整が加味されます。マクロ経済スライドは、公的年金の被保険者数の減少と平均余命の伸び（すなわち少子高齢化の影響）に応じて年金額を自動的に調整するもので、改定のベースとなる数値（物価変動率、賃金変動率）がプラスの場合に限り（また、適用によりマイナスとなる場合はプラスの部分に限り）適用され、適用されない部分は翌年度以降に持ち越されます。

　2024年度改定におけるマクロ経済スライドによる調整率は、以下のとおり、公的年金被保険者数の変動率▲0.1%と平均余命の伸び率▲0.3%により計算され、▲0.4%でした。平均余命の伸び率▲0.3%は法定されていて、公的年金被保険者の変動率は過去 3 年度の平均により算出されています。

0.999（公的年金被保険者数の変動率）×0.997（平均余命の伸び率）＝ 0.996（▲0.4%）

　この調整率を加味した変動率は、「67歳以下」「68歳以上」とも以下のとおりになります。

1.031×0.996＝1.027（＋2.7%）

　ところで、前述のとおり、2024年度改定における「67歳以下」は1957年 4 月 2 日以後生まれの人、「68歳以上」は1957年 4 月 1 日以前生まれの人です。2024年度改定ではいずれも同じ変動率なのですが、昨年度（2023年度）改定では「67歳以下」は賃金スライド、「68歳以上」は物価スライドで異なる変動率となりました。すなわち法定の年金額（基礎年金の満額等）の乗じる2023年度の改定率は、（2023年度における）「67歳以下」は1.018、「68歳以上」は1.015で、基礎年金の満額は 2 通りに分かれていました（2023年度改定における「67歳以下」は1956年 4 月 2 日以後生まれ、「68歳以上」は1956年 4 月 1 日以前生まれです）。

　したがって、2024年度における「67歳以下」と「68歳以上」の変動率は同じ1.027ですが、2024年度における改定率は引き続き（2023年度改定における「67歳以下」か「68歳以上」かによって） 2 通りに分かれることになります。す

なわち、2024年度の改定率は生年月日によって次のとおりになります^{（注3）}。

> 1956年 4 月 2 日以後生まれ：1.018×1.027＝1.045
> 1956年 4 月 1 日以前生まれ：1.015×1.027＝1.042

　これに基づき、2024年度の年金額は〔表2〕のとおりになります。
　なお、厚生年金の額の改定は、物価変動率または賃金変動率（2024年度改定においては賃金変動率）にマクロ経済スライド調整率を反映させた率により再評価率を改定することにより行われます。

３．在職老齢年金の支給停止調整額は50万円に

　在職老齢年金の支給停止の基準となる額である支給停止調整額は2024年4月に、48万円から50万円に変更されました。在職老齢年金の支給停止の仕組みは、総報酬月額相当額（標準報酬月額に過去1年間の標準賞与額の12分の1を加えた額）と基本月額（経過的加算額、加給年金額を除く報酬比例部分の老齢厚生年金の月額換算額）の合計が、この支給停止調整額を超えた場合、超えた額の2分の1が支給停止になるものです。
　支給停止調整額は48万円に法定されていて、毎年度、名目賃金変動率に連動して見直されることになっています。ただし、1万円単位に四捨五入した数字とされているので実際には必ずしも毎年度変更されるわけではありません。今回は、改定の基礎となる名目賃金変動率が3.1％と比較的大きく上昇したため、48万円から50万円へと2万円の引上げとなりました。
　この結果、仮に総報酬月額相当額と基本月額が変わらなければ、支給停止額は1万円減り、年金額（月額）は1万円増えることになります（ただし、全額支給停止になっている場合は引き続き全額支給停止のケースもあります）。

（注1）　改定の基準となる物価変動率は全国消費者物価指数（生鮮食品を含む総合指数）の前年比変動率（2024年度改定においては2023年平均）、賃金変動率は「名目手取り賃金変動率（物価変動率×実質賃金変動率×可処分所得割合変化率）」です。したがって「67歳以下」の賃金スライドは、実質賃金ではなく物価変動率が加味された名目賃金に連動するので、物価にもスライドしているといえます。なお、名目手取り賃金変動率の計算式中の実質賃金変動率は、2年度前から4年度前までの3年度平均の数値によります。

（注 2）　67歳到達年度まで新規裁定者とされているのは、（注 1 ）のとおり賃金スライドは単年の極端な賃金変動の影響を排除するため、 2 年度前から 4 年度前までの 3 年間の平均値によることとされていて、 2 年度前（＝65歳到達年度）までの賃金変動を反映させるためです。

（注 3 ）　仮に賃金上昇率が物価上昇率上回り、2024年度改定おいても「67歳以下」は賃金スライド、「68歳以上」は物価スライドになっていたら、1957年 4 月 2 日以後生まれの人と1957年 4 月 1 日以前生まれの人とでは変動率が異なることになっていました。さらに、2023年度における「67歳以下」（1956年 4 月 2 日以後生まれ）と「68歳以上」（1956年 4 月 1 日以前生まれ）ですでに改定率が異なっていることから、改定率は以下のとおり生年月日に応じて 3 通りになり、基礎年金満額なども 3 通りになっていました。

①　2023年度において「67歳以下」であり2024年度においても「67歳以下」の人（＝1957年 4 月 2 日以後生まれの人）

②　2023年度において「67歳以下」であり2024年度においては「68歳以上」の人（＝1956年 4 月 2 日〜1957年 4 月 1 日生まれの人）

③　2023年度において「68歳以上」（2024年度においてももちろん「68歳以上」）の人（＝1956年 4 月 1 日以前生まれの人）

【表 1　年金額改定のルール】

	67歳以下	68歳以上
賃金変動率が物価変動率を上回る場合 例：賃金変動率 3 ％、物価変動率 1 ％ 　　賃金変動率 1 ％、物価変動率▲ 1 ％ 　　賃金変動率▲ 1 ％、物価変動率▲ 3 ％	賃金スライド	物価スライド
賃金変動率が物価変動率を下回る場合 例：賃金変動率 1 ％、物価変動率 3 ％ 　　賃金変動率▲ 1 ％、物価変動率 1 ％ 　　賃金変動率▲ 3 ％、物価変動率▲ 1 ％	賃金スライド	賃金スライド

【表2　2024年度の年金額等】

		2024年度価額	計算根拠
基礎年金満額	1956年4月2日以後生まれ	816,000円	780,900円（法定額）×1.045
	1956年4月1日以前生まれ	813,700円	780,900円×1.042
定額部分の単価	1956年4月2日以後生まれ	1,701円	1,628円（法定額）×1.045
	1956年4月1日以前生まれ	1,696円	1,628円×1.042
加給年金額		234,800円^(注1)	224,700円（法定額）×1.045
配偶者特別加算額^(注2)		173,300円^(注1)	165,800円（法定額）×1.045
3人目以降の子の加算額		78,300円^(注1)	74,900円（法定額）×1.045
1級障害基礎年金	1956年4月2日以後生まれ	1,020,000円	基礎年金満額×1.25
	1956年4月1日以前生まれ	1,017,125円	
中高齢寡婦加算額		612,000円^(注3)	基礎年金満額×$\frac{3}{4}$
在職老齢年金の支給停止調整額		500,000円	480,000円（法定額）×（2005年度以後の各年度の名目賃金変動率）

（注1）　1956年4月2日以後生まれ、1956年4月1日以前生まれとも同額。
（注2）　受給権者が1943年4月2日以後生まれの場合の額。
（注3）　中高齢寡婦加算額は65歳未満の人が対象なので「1956年4月2日以後生まれ」の基礎年金満額の4分の3。

2024年10月1日施行

● いわゆる「４分の３基準」を満たさないパートタイマーは、週20時間以上勤務、月給8.8万円以上などの要件を満たした場合に社会保険に加入することとされていますが、現在、これは従業員数100人超の企業が対象となっています。この企業規模要件が2024年10月1日に「50人超」に変更されます。

● 月給8.8万円は年収にすると約106万円です。したがって、新たに106万円基準の対象になる企業の従業員は130万円の壁が106万円の壁に変更されることになります。ただし、「130万円」と「106万円」はその意味合いや金額のカウントの仕方が異なっていて、単に壁の金額が下がるというとらえ方は適切ではありません。

解　説

1．企業規模要件を段階的に拡大

　短時間労働者（パートタイマー）の社会保険（健康保険と厚生年金保険）の加入については、いわゆる「４分の３基準」があります。すなわち、以下の２つの要件をともに満たした場合は社会保険の加入対象とされています。

> ・１週間の所定労働時間が正社員の４分の３以上である。
> ・１カ月の所定労働日数が正社員の４分の３以上である。

　この基準によれば、たとえば正社員の１日の所定労働時間が８時間、週５日で40時間の場合、１日６時間で週５日働く場合は上記の両方を満たすので被保険者になります。１日７時間で週３日の場合は所定労働時間も所定労働日数も４分の３未満なので、被保険者にはなりません。また、１日５時間で週５日働く場合は、所定労働日数は４分の３以上ですが、所定労働時間が４分の３未満

なので、被保険者にはなりません。

2016年10月に、パートタイマーの社会保険適用の範囲が拡大されました。すなわち、この「4分の3基準」に当てはまらない場合であっても、従業員500人超の会社等に勤務し、次の①〜④のすべてを満たしている場合は加入対象とすることとされました（この対象者を「4分の3未満短時間労働者」と呼びます）。

①　1週間の所定労働時間が20時間以上である。
②　1年以上継続して使用されることが見込まれる。
③　給与月額が88,000円以上である。
④　学生でない。

したがって、従業員500人超の会社等に勤務する場合、先ほどの「1日7時間、週3日」や「1日5時間、週5日」といったケースも（②〜④を満たしていることを前提に）被保険者の対象となりました。

2017年4月には、従業員数が500人以下の会社等であっても、任意に、労使合意により①〜④を満たす人を被保険者とすることが可能とされました。

2022年10月には、「4分の3未満短時間労働者」が被保険者の対象となる企業の規模要件が「500人超」から「100人超」に変更され、パートタイマーの社会保険加入がさらに促進されることになりました。同じく2022年10月に、上記の4つの要件のうち、②が廃止されました（これにより、雇用期間については正社員と同じく2カ月以上が見込まれない場合を除き被保険者の対象になります）。

さらに2024年10月1日には企業規模要件が「50人超」に拡大されます。その結果、2024年10月以降は、パートタイマーは（「4分の3基準」を満たしてなくても）、以下の①〜③のすべてに当てはまる場合、50人超の企業に勤務していれば、被保険者の対象となります。

①　1週間の所定労働時間が20時間以上である。
②　給与月額が88,000円以上である。
③　学生でない。

なお、「50人超」の規模要件のさらなる引下げも検討されています（73ページ参照）。

２．国民年金の財政改善に

　こうした社会保険の対象となるパートタイマーの範囲拡大は、１つには年金保険などの保障を手厚くする観点から行われてきたものです。適用対象者を増やすことは、厚生年金保険の加入者を増やすことになり、年金給付の拡充に結び付きます。また、健康保険に加入することにより傷病手当金の給付が受けられるようになるなど、保障が充実します。

　一方で国民年金の第１号被保険者が厚生年金保険の被保険者になることにより、国民年金からの基礎年金拠出金が減り、国民年金の財政が改善されるという効果も見込まれます。

３．130万円の壁と106万円の壁の違い

　「４分の３未満短時間労働者」の基準の１つである給与月額88,000円は、年収に直せば約106万円です。そこで、従来ある130万円の壁（健康保険の被扶養者および国民年金の第３号被保険者に認定されるための年収要件）に変わり、106万円の壁ができたなどという言い方をよく目にします。

　従業員50人超100人以下の企業では、2024年10月から130万円の壁が106万円の壁に変わります。ただし、この２つの壁の意味合いは異なり、単に130万円が106万円に引き下げられるということではありません。

⑴　出口の基準と入口の基準

　　130万円は、これ以上になると、健康保険の被扶養者や第３号被保険者から外れることになる基準です。いわば社会保険からの退出、出口の基準です（もちろん、国民皆年金皆保険ですから、退出したままではいられず、国民健康保険に加入したり、国民年金の第１号被保険者になるなどして再加入することになります）。

　　これに対し、106万円は被用者保険への加入、入口の基準です。106万円以上になると、勤務している会社で健康保険、厚生年金保険に加入することになります（その結果、それまで被扶養配偶者などとして加入していた公的医療保険や国民年金から脱退することになります）。

　　したがって、130万円の基準は、これに達しても、必ずしも被用者保険に加入するわけではありません。通常は加入しないことのほうが多いでしょう。健康保険の被扶養者、国民年金の第３号被保険者が130万円に達した場合、被用者保険に加入しなければ、国民健康保険の被保険者、国民年金の第１号被保険者に変わることになり、新たに保険料負担が生じますが、給付は基本的に変わ

りません（年金額が増えるわけではありません）。

　一方で106万円基準は被用者保険加入により保険料負担が増えるものの(注)、給付も大きくなります（年金は、基礎年金に加え厚生年金の支給対象になります）。

　被扶養配偶者であるパートタイマーにとって、「106万円」も「130万円」もいずれも保険料負担が増える点では同じものの、給付面でみると両者には大きな違いがあります。

⑵　「収入」の範囲（カウントの方法）

　130万円と106万円の基準では、その対象となる収入の範囲が異なっている点にも注意が必要です。106万円基準では、ボーナスや時間外手当、通勤手当などを含めずに月額88,000円を超えているかどうかにより判断します。一方、130万円基準ではボーナスや時間外手当、通勤手当なども含め、年収が130万円を超えるかどうかで判断されます。

　また、88,000円以上かどうかは入社時や昇給時の月給により判定します。これに対し130万円の判定時点について、日本年金機構のウェブページには以下のように書かれています。

　「年間収入とは、過去の収入のことではなく、被扶養者に該当する時点および認定された日以降の年間の見込み収入額のことをいいます。」

　ただ、「年間の見込み収入額」をどう見込むかはややファジーな点があり（そもそも正確に見込めるものではないでしょう）、実務上は前年の収入や過去直近3カ月間の収入などにより判定しています。そこで見込みが外れ130万円を超えそうになるときは就業調整が行われます。

　これに対し、106万円基準では一度88,000円未満であると判定されると（昇給がない限り）残業が多くて月収が88,000円を超えても被保険者の対象にはなりません。したがって、130万円の壁対策にみられる就業調整——年収が壁を超えないために働くことを抑制すること——は本来、起きにくいと考えられます。

　106万円、130万円の壁の大きな問題点は、労働人口が減少するなか、こうした就業調整が行われることにあります。2023年10月から、「年収の壁・支援強化パッケージ」が実施されていて、社会保険に加入することによる手取り減少に取り組む企業への助成金の創設や、一時的な労働時間の増加により130万円の壁を超えた場合は引き続き被扶養者、第3号被保険者として認定するなどの措置が取られています。

(注)　国民年金の第１号被保険者、国民健康保険の被保険者が106万円の壁を超えた場合は保険料負担が必ずしも増えるとは限りません。

【表　パートタイマーの社会保険加入の判定（2024年10月１日以降）】

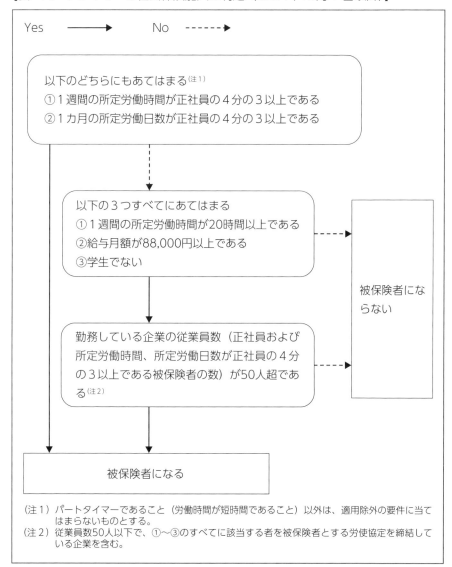

以下のどちらにもあてはまる^(注1)
①１週間の所定労働時間が正社員の４分の３以上である
②１カ月の所定労働日数が正社員の４分の３以上である

以下の３つすべてにあてはまる
①１週間の所定労働時間が20時間以上である
②給与月額が88,000円以上である
③学生でない

勤務している企業の従業員数（正社員および所定労働時間、所定労働日数が正社員の４分の３以上である被保険者の数）が50人超である^(注2)

被保険者にならない

被保険者になる

（注1）パートタイマーであること（労働時間が短時間であること）以外は、適用除外の要件に当てはまらないものとする。
（注2）従業員数50人以下で、①～③のすべてに該当する者を被保険者とする労使協定を締結している企業を含む。

2024年12月 1 日施行

● 確定給付型年金（確定給付企業年金など）に加入している人の iDeCo の拠出限度額が 1 万2000円から 2 万円に引き上げられます（ただし、企業型確定拠出年金、確定給付型年金の事業主掛金との合計に対する上限があります）。
● これにより企業年金加入者の iDeCo の拠出限度額が 2 万円で統一されることになります。

解　説

　老後生活資金を準備するため、個人型確定拠出年金（iDeCo）の使い勝手をよくするなどの法改正が2020年に行われ、それに伴う改正が順次実施されてきました。そうした流れのなかで、2024年12月に、一部の会社員の iDeCo 拠出限度額が拡大されます。一連の改正の仕上げともいうべき改正に位置付けられます。

　現在、企業型確定拠出年金加入者の iDeCo 拠出限度額は、確定給付型年金がない場合は 2 万円、確定給付型年金も実施されている場合は 1 万2,000円となっています（金額はいずれも月額、以下同じ）。ただし、前者では企業型確定拠出年金の拠出額との合計で 5 万5,000円以下（したがって、企業型確定拠出年金の拠出額が 3 万5,000円を上回る場合は iDeCo の拠出限度額は 2 万円未満になります）、後者では企業型確定拠出年金の拠出額との合計で 2 万7,500円以下という縛りがあります。

　また、企業型確定拠出年金が導入されておらず確定給付型年金だけに加入している人の iDeCo 拠出限度額も 1 万2,000円となっています。

　上述の拠出限度額のうち、企業型確定拠出年金、確定給付型年金の両方に加入する人および確定給付型年金のみに加入する人の iDeCo の拠出額が2024年12月に 2 万円に引き上げられます。ただし、企業型確定拠出年金、確定給付型年金の拠出額との合計の限度額は 5 万5,000円となります（〔表〕参照）。

これにより、企業年金加入者（企業型確定拠出年金、確定給付型年金またはその両方の加入者）の iDeCo の拠出限度額は 2 万円（ただし、企業年金との合計で 5 万5,000円）で統一されることになります。

　2017年の加入対象者拡大（それまで加入対象外とされていた企業型確定拠出年金加入者や国民年金第 3 号被保険者も加入できるようになりました）以降、加入者の属性により多岐にわたって煩雑だった iDeCo の拠出限度額が以下のとおり 3 通りになり、すっきりします。

> ・国民年金の第 1 号被保険者（自営業者など）　 6 万8,000円
> ・企業年金未加入者および国民年金の第 3 号被保険者　 2 万3,000円
> ・企業年金加入者　 2 万円（ただし企業年金との合計で 5 万5,000円以下）

【表　企業年金の実施状況に応じた確定拠出年金の拠出限度額(月額)】

企業年金の有無		拠出限度額			
		2024年11月まで		2024年12月から	
企業型確定拠出年金	確定給付型年金	企業型確定拠出年金	iDeCo	企業型確定拠出年金	iDeCo
なし	なし	－	2.3万円	－	2.3万円
あり	なし	5.5万円		5.5万円	
			2 万円(注1)		2 万円(注1)
あり	あり	2.75万円		5.5万円	
			1.2万円(注2)		2 万円(注3)
なし	あり	－	1.2万円	－	2 万円(注4)

(注 1)　企業型確定拠出年金の事業主掛金との合計が5.5万円の範囲内で、iDeCo に最大 2 万円まで拠出可能(企業型確定拠出年金の事業主掛金が3.5万円を超える場合は、iDeCo の拠出限度額は「5.5万円－企業型確定拠出年金の事業主掛金」)。

(注 2)　企業型確定拠出年金の事業主掛金との合計が2.75万円の範囲内で、iDeCo に最大1.2万円まで拠出可能(企業型確定拠出年金の事業主掛金が1.55万円を超える場合は、iDeCo の拠出限度額は「2.75万円－企業型確定拠出年金の事業主掛金」)。

(注 3)　企業型確定拠出年金と確定給付型年金の事業主掛金との合計が5.5万円の範囲内で、iDeCo に最大 2 万円まで拠出可能(企業型確定拠出年金と確定給付型年金の事業主掛金が合計で3.5万円を超える場合は、iDeCo の拠出限度額は「5.5万円－企業型確定拠出年金と確定給付型年金の事業主掛金」)。

(注 4)　確定給付型年金の事業主掛金との合計が5.5万円の範囲内で、iDeCo に最大 2 万円まで拠出可能(確定給付型年金の事業主掛金が3.5万円を超える場合は、iDeCo の拠出限度額は「5.5万円－確定給付型年金の事業主掛金」)

改正④ 年金法2025年改正の焦点は……

- 年金制度は、基本的に5年に一度、財政検証の結果を受けて法改正が行われます。2024年は財政検証の年に当たり、これを受けて2025年に法改正が見込まれます。
- 改正の方向性については、すでに社会保障審議会年金部会などで議論が進められています。これまでの経緯なども踏まえ、2025年法改正の焦点を探ります（本項目の記述はあくまでも執筆段階における筆者の見解であり、改正されることが決定したものではありません）。

解　説

1．社会保険の適用拡大

(1) パートタイマーの適用拡大

「適用拡大」とは、社会保険（健康保険、厚生年金保険）の適用対象、すなわち加入対象者を広げることです。年金についていえば、厚生年金保険の加入者を増やすことにより、年金財政を安定させるとともに、年金加入者の老後の年金額を増やすねらいがあります。

すでに、適用拡大は着実に進められています。その代表的なものが短時間労働者（パートタイマー）の加入対象者の拡大です。現在、いわゆる「4分の3基準」を満たさないパートタイマーのうち、以下の3つをすべて満たした場合は被保険者の対象とされています（「4分の3未満短時間労働者」といいます）。

① 　1週間の所定労働時間が20時間以上である。
② 　給与月額が88,000円以上である。
③ 　学生でない。

ただし、この「4分の3未満短時間労働者」が被保険者とされるのは、従業員100人超（2024年10月以降は50人超）の企業に限られています。この企業規模要件は当初「500人超」であったものが段階的に引き下げられてきました

（67ページ参照）。現行法では2024年10月に「50人超」に引き下げられることが決まっていますが、さらなる引下げまたは規模要件自体の撤廃が2025年改正では盛り込まれる見通しです。

　そもそも、「4分の3未満短時間労働者」に企業規模要件が設けられた理由は、中小零細企業の事務負担への配慮です。本来は働いている企業の従業員数によって被保険者になったりならなかったり、取扱いに差があるのは筋が通りません。そのため、最終的には企業規模要件は撤廃されるでしょうが、その前に「20人超」、「5人超」などとワンクッション（またはツークッション）おいて、段階的な撤廃の道筋が示されることもありそうです。

　また、企業規模要件の引下げのほかに、「週の所定労働時間20時間」、「給与月額88,000円」の引下げについても検討されています。

⑵　個人事業所の非適用業種見直し

　一方、個々人の従業員ではなく、事業所自体が適用事業所になるかどうかについても、適用対象の範囲を拡大する改正が盛り込まれる見通しです。

　社会保険の適用事業所に該当するかどうかは、法人であるか個人事業であるかによって扱いが異なっています。

　　①　法人の事業所はすべて強制適用事業所になる。

　　②　個人事業の事業所は法定17業種であり、かつ常時5人以上の従業員を
　　　使用する場合は強制適用事業所になる。

　したがって、株式会社や一般社団法人などの法人であれば必ず適用事業所になる（従業員がいなく代表取締役1人の会社でも会社から報酬を受けていれば適用事業所になる）のに対し、個人事業所は法定17業種に該当しなければ従業員数にかかわらず、また法定17業種に該当しても常時使用する従業員が5人未満であれば強制適用事業所とされません（表参照）。

　法定17業種に該当しない主な業種は、農業などの第一次産業、飲食店などのサービス業などです。これらのうち一部が強制適用事業所となる法定業種に加えられるのか、あるいは業種の制限をなくしすべての業種で従業員が5人以上なら強制適用事業所とされるのか、いずれにしても適用事業所の範囲を広げる改正が盛り込まれる見込みです。

２．国民年金の拠出期間延長

　基礎年金を拡充するために、現在40年間（20歳から60歳になるまで）の国民年金の加入期間を65歳になるまでの45年に延ばすかどうかが、2025年改正の最

大の焦点となりそうです。

　基礎年金は、マクロ経済スライドによる調整期間が厚生年金に比べて長引くことが想定されています。そのために、給付水準が下がり、厚生年金とのバランスが悪くなることが見込まれています。そこで、加入期間を5年延ばし、その分、給付額を増やすことが、前回（2020年）の改正の際にも検討されました。ただし、基礎年金は給付の2分の1が国庫負担により賄われていることから、給付額を増やすことは国庫負担を増やすことになるなどの点がネックになり、実現には至りませんでした。2025年の改正では実現する公算が大きいとみられています。

　国民年金の拠出期間が45年に延長されると、老齢基礎年金の満額が12.5%（＝(45－40)/40）増えることになりますが、単に老齢基礎年金の額が増えるだけでなく、その影響は広範囲に及びます。

　65歳に達するまで強制加入となると、60歳以上の任意加入制度はなくなってしまうのか、老齢基礎年金の繰上げはできなくなってしまうのか、老齢厚生年金の経過的加算額の取扱いはどうなるのか──これら多くの関連する規定も見直されることになります。また、老齢基礎年金の満額が増えると、（現在の規定を踏襲するのであれば）障害基礎年金や遺族基礎年金の額、遺族厚生年金の中高齢寡婦加算額なども変わることになります。

3．在職老齢年金の見直し

　老齢厚生年金の受給権発生後も厚生年金保険の被保険者として働くと、報酬と本来なら受け取れる年金額の合計に応じて、報酬比例部分の額が支給停止されます。これは在職老齢年金と呼ばれ、より正確に述べると「総報酬月額相当額」（標準報酬月額と過去1年間の標準賞与額の12分の1を足したもの）と「基本月額」（経過的加算額、加給年金額を除いた報酬比例部分の年金額の12分の1）を足した額が48万円^(注)を超える場合、その超えた額の2分の1が支給停止される仕組みです（計算された支給停止額が報酬比例部分の額を超える場合は報酬比例部分および加給年金額が全額支給停止になります）。

　この在職老齢年金は、高齢者（年金受給者）の就業を阻害しているとの指摘があります。すでに2020年の法改正で65歳未満の受給者について、28万円となっていた支給停止の基準額を65歳以上の受給者と同じ48万円に引き上げる改正が行われています（施行は2022年4月1日）。

　次回改正では65歳以上の受給者も含め、この支給停止の仕組みを緩和することや廃止することが検討されています。たとえば、48万円のバーを引き上げる、現

在は48万円を超える額の 2 分の 1 となっている支給停止額を 3 分の 1 に引き下げるなどの改正が考えられます。

4．遺族年金の男女差解消

　遺族年金は、その給付に男女差があることを問題視する声が少なからずあります。現行の制度は、その成立ちから、男性が主たる家計の担い手であるという考え方を前提とした設計になっているとの指摘です。

　具体的には以下の点で男女による給付の差異がみられます。

① 　遺族厚生年金の受給者の要件として、夫（男性）には「55歳以上」の年齢要件、および60歳になるまでの支給停止があるが、妻（女性）にはない。

② 　妻（女性）には中高齢寡婦加算額（および経過的寡婦加算額）の加算があるが、夫（男性）にはない。

③ 　妻（女性）には寡婦年金の支給があるが、夫（男性）にはない。

　このような男女格差を解消するかどうかが改正の焦点です。ただし、十分な経過措置を設け時間をかけて改正すべきであるなどと慎重な意見もあります。

　遺族年金については、男女格差以外にも、子のない現役世代配偶者に対する遺族年金の有期化、受給者の所得要件（850万円）などの見直しも議論されています。

　また、同じく男女差解消の観点から、老齢厚生年金の加給年金も見直しの俎上に載せられています。

5．障害年金の初診日要件緩和

　障害年金には初診日要件があります。すなわち、初診日において国民年金、厚生年金保険の被保険者でなければ支給されません（ただし、障害基礎年金は、20歳前や資格喪失後65歳になるまでの間に初診日がある場合は例外として支給の対象になります）。障害厚生年金には例外規定はなく、たとえば会社を退職して（厚生年金保険の被保険者資格を喪失して）直後に初診日があったとしても、障害厚生年金の支給対象にはなりません。このため、体に不調がある場合は退職する前に病院に行くなどしておくといい（退職してからではもし障害が残る場合に初診日要件を満たせないので）、などというもっともらしい話が流布しています。

　たしかに、長年、保険料を払ってきたにもかかわらず、わずかな時期の差で支給対象になったりならなかったりするのは不合理という指摘もあるでしょう。遺族厚生年金では、厚生年金保険の被保険者期間に死亡した場合だけでなく、退職後（すなわち厚生年金保険の被保険者資格喪失後）の死亡であっても、一定の要

件の下、支給対象になることがあります。

　障害厚生年金についても、こうした観点から、初診日が被保険者期間になくても、退職後あまり期間が経過していなければ、給付の対象にする、あるいは厚生年金保険の被保険者期間が長期間あれば資格喪失後も給付対象にするなど、初診日要件の緩和が検討されています。

（注）　48万円は法定額であり、この額は毎年度、名目賃金変動率に連動して1万円単位で見直されます。2024年度は50万円です（63ページ参照）。

【表　個人事業所に対する社会保険の適用】

適用	非適用
以下の17業種で従業員が常時5人以上 ① 製造業 ② 土木建築業 ③ 鉱業 ④ 電気ガス事業 ⑤ 運送業 ⑥ 貨物積卸し業 ⑦ 清掃業 ⑧ 物品販売業 ⑨ 金融保険業 ⑩ 保管賃貸業 ⑪ 媒介周旋業 ⑫ 集金案内広告業 ⑬ 教育研究調査業 ⑭ 医療業 ⑮ 通信報道業 ⑯ 社会福祉事業、更生保護事業 ⑰ 士業	・左記17業種で従業員が常時5人未満 ・左記17業種以外の業種（従業員数は問わない） 〈17業種に該当しないおもな業種〉 ・農業、林業、漁業 ・サービス業（理容店、旅館、飲食店など） ・娯楽業 ・警備業 ・宗教業

（注）　法定17業種は詳細に規定されているが、わかりやすくするために一部割愛した表現とした。

2 少子化対策、子育て支援のための改正事項

改正 ① 国民健康保険、産前産後の保険料減免

- 国民健康保険の保険料が産前産後の4カ月間減免されることになりました。すでに健康保険では産休期間中および育児休業期間中の保険料は免除されています。
- 国民年金の保険料はすでに産前産後の期間、免除される扱いがありますが、育児期間についても免除制度が導入されます（2026年10月施行）。

解 説

1. 国民健康保険の保険料の構成と減免

2024年1月に国民健康保険料の産前産後期間の免除制度が導入され[注1]、国民年金保険料とともに国民健康保険料も、出産（予定）月の前月から、出産（予定）月の翌々月までの4カ月分[注2]の保険料が免除されるようになりました。

もっとも、国民年金では、被保険者一人ひとりが保険料を納付します（したがって、出産する（した）人の分はまるまる免除されます）が、国民健康保険は、世帯単位で（その世帯の被保険者全員分の）保険料が計算され、世帯主がまとめて納めることになっています。そこで、世帯に出産する（した）被保険者がいる場合、世帯主が納める保険料の一部（出産する（した）人の保険料に相当する額）が減額されることになります。

さらに、国民健康保険の保険料は所得割額、均等割額、平等割額、資産割額から構成されますが、このうち免除の対象になるのは所得割額と均等割額であり、平等割額と資産割額は免除の対象になりません。したがって、出産する（した）人の所得割額、均等割額に相当する部分のみが免除されます[注3]。

なお、保険料の免除は自動的に行われるわけではなく、免除を受けるためには手続きが必要です。原則として、国民年金の産前産後の保険料免除と同様、市区町村に届け出が必要です^(注4)。手続きは出産予定月の6カ月前からできますが、出産後であっても届け出は可能です。出産後に届け出る場合、免除される期間の保険料をすでに納めていたときは、還付されます。

2．健康保険の産休、育児休業期間の保険料免除

ところで、国民健康保険、国民年金の保険料を納めているのは自営業者やその家族などですが、会社員などが保険料を納めている健康保険、厚生年金保険にも同様の保険料免除制度があります（〔表〕参照）。さらに健康保険、厚生年金保険料には育児休業中の保険料免除制度も設けられています。

3．国民年金保険料の育児期間中の免除も導入へ

国民年金ではすでに2019年4月から産前産後期間の保険料免除の取扱いが始まっていますが、育児期間中の免除も2026年10月に導入されます。母親の場合、産前産後期間に引き続き子どもが1歳に達するまでの間、保険料が免除されます（父親も子どもが1歳に達するまでの間、免除されます）。

子どもが1歳に達するまで保険料が免除された期間は、産前産後の免除期間同様、「保険料納付済期間」とされます。したがって、免除を受けることにより年金額が減るようなことはなく、産前産後、育児期間中の保険料免除を受けることにより不利益が生じることはありません。厚生年金保険において産前産後休業期間中、育児休業期間中に保険料が免除された場合も同様です。

なお、産前産後期間の保険料免除導入時には、国民年金の保険料が月額で100円（法定額）引き上げられましたが、育児期間中の保険料免除導入に伴う保険料の引上げは予定されていません。育児期間中の国民年金の保険料免除の財源は基本的に「子ども・子育て支援金」により賄われます。「子ども・子育て支援金」は児童手当などの財源確保のために創設されるもので、すべての公的医療保険加入者に対し、課せられます^(注5)。したがって、国民年金の保険料自体が上がることはありませんが、国民健康保険の保険料に支援金分が上乗せされることになります（健康保険や後期高齢者医療制度の加入者も負担することになります）。

（注1）　ごく一部の市区町村や国民健康保険組合では2024年1月より前から独自に産前産後期間の保険料を減免していました。

（注2）　多胎妊娠の場合は、出産（予定）月の3か月前から6か月間、免除さ

れます。

(注3)　すべての市区町村の保険料がこれら４つから構成されているわけではなく、市区町村によって、①これら４つから構成されるところ、②４つのうち資産割額を除く３つで構成されるところ、③所得割額と均等割額で構成されるところに分かれています。したがって、もともと平等割額、資産割額が徴収されていない市区町村もあります。

(注4)　出産育児一時金の支給を受けている場合など、市区町村によっては手続きが不要のケースもあります。

(注5)　現在も社会保険加入者に対し「子ども・子育て拠出金」が賦課されていますが、これは事業主が負担するものであり、被保険者の負担はありません。これに対し、新たに導入される「子ども・子育て支援金」は被保険者の負担が生じます。

【表　産前産後、育児期間の保険料免除】

		産前産後	育児期間
自営業者など	国民年金	出産（予定）月の前月から４カ月間（単胎妊娠の場合）。	子どもが１歳に達するまで。＊2026年10月に導入
	国民健康保険		免除なし
会社員など	厚生年金保険	産前産後休業（単胎妊娠の場合、最大で出産（予定）日以前42日から出産日後56日）開始月から終了日の翌日の属する月の前月まで。	育児休業等の開始月から終了日の翌日が属する月の前月まで(注)。
	健康保険		

(注)　開始月と終了日の翌日が属する月が同一の場合は、育児休業等開始日が含まれる月に14日以上育児休業等を取得した場合は免除となる。

児童手当の拡充

....

2024年10月分から

● 現在、中学生までが対象になっている児童手当が高校生に対しても支給
されるようになります。また、所得制限も廃止されます。
● 一方で高校生の子どもについては所得税、住民税における扶養控除の額
が引き下げられます（2026年分の所得税、2027年度分の住民税から）。

解　説

1. 高校生までを対象に

　現在、中学生までが対象になっている児童手当が高校生に対しても支給される
ようになります。また、第3子以降の子どもに対する支給額も引き上げられます。
2024年10月分から実施されます。

　現行の児童手当の額は、3歳未満は1万5,000円、3歳以上中学校修了まで
は1万円、このうち3歳以上小学校修了までの第3子以降は1万5,000円となっ
ています（〔表〕参照）。また、支給には扶養家族の数に応じた所得制限（所得制
限限度額）があり、上記の額が支給されるのは、扶養家族が3人（配偶者と児童
2人）の場合、所得額が736万円（給与収入額では目安として960万円）未満に
限られます。

　所得額がこの所得制限限度額以上の場合は、年齢にかかわらず中学生までの児
童1人当たり5,000円が支給されます（特例給付）。ただし、この特例給付にも
所得制限（所得上限限度額）が設けられていて、扶養家族が3人の場合、所得額
が972万円（給与収入額では目安として1,200万円）以上の場合は特例給付もあ
りません。

　2024年10月分以降は、新たに高校生が支給対象に加えられ、その額は3歳以
上と同じ1万円です。また、第3子以降は年齢にかかわらず（高校生まで）3
万円が支給されます。

　第3子のカウントの仕方も変更されます。すなわち、現在は高校生までの子ど

ものうち3番目の子どもを第3子とするのに対し、改正後は高校卒業後22歳到達年度末までの子ども（ただし扶養していることが条件）も含めて3番目の子どもを第3子とします。たとえば、長男が大学生、次男が高校生、三男が小学生の場合、現在は三男は第2子となり、第3子以降の増額（1万5,000円）の対象にはなりません。改正後は長男を第1子とカウントするので三男は第3子となり、増額（3万円）の対象になります。

　また、10月分以降は、上述の所得制限がなくなります。

2．扶養控除は減額へ

　高校生までが児童手当の対象に加えられることにより、所得税、住民税における扶養控除が縮小されます。現在、16歳以上19歳未満の扶養親族に対する控除額は所得税で38万円、住民税で33万円ですが、それぞれ25万円、12万円に引き下げられます。2026年分の所得税、2027年度分の住民税から変更が予定されていて、2025年度の税制改正で正式決定される見通しです。

【表　児童手当の額】

	現行			改正後	
		第3子以降	特例給付		第3子以降
3歳未満	15,000円	15,000円	5,000円	15,000円	30,000円
3歳以上小学生まで	10,000円	15,000円	5,000円	10,000円	30,000円
中学生	10,000円	10,000円	5,000円	10,000円	30,000円
高校生	－	－	－	10,000円	30,000円

（注）　特例給付は所得額が所得制限限度額以上所得上限限度額未満の場合の支給額。第3子以降の数え方は現行と改正後では異なる（本文参照）。

改正 ③ 育児休業に関する雇用保険の給付新設

2025年4月1日施行

● 雇用保険の育児休業等に対する給付が2つ新設されます。1つは、両親とも育児休業を取得した場合に既存の育児休業給付金に上乗せする形で支給される「出生後休業支援給付金」。もう1つは育児のために時短勤務を選択した場合に支給される「育児時短就業給付金」です。

解　説

1．育児休業の取得状況と政府目標

　育児休業は1992年に施行された「育児休業、介護休業等育児又は家族介護を行う労働者の福祉に関する法律」（育児介護休業法）に基づき、従業員から休業取得の申し出があった場合に休業付与を義務付けたものです。ただし、ほとんどの企業では育児休業中の給与は無給としています。そこで、育児休業中の収入を補填するために設けられているのが雇用保険の育児休業給付です。

　ただ、育児休業給付金の支給率は休業開始前賃金の67％（180日経過後は50％）であり、必ずしも十分な額とはいえません。この点が育児休業取得を妨げているとの指摘もあります。育児休業の取得率は、2022年度で女性は80.2％であるのに対し、男性は17.13％にとどまっています（「令和4年度雇用均等基本調査」）。男性の取得率が低いのは休業による収入減を嫌う向きが多いことによると考えられます（なお、政府は男性の取得率の目標として、2025年に50％、2030年に85％を掲げています（「こども未来戦略方針」＝2023年6月13日閣議決定））。

　育児休業給付は、育児休業取得促進の観点からこの間、度重なる改正が行われてきました。最近では2022年10月に、育児休業が2回に分割して取得できるようになったり、出生時育児休業給付金（産後パパ育休制度）が創設されたのは記憶に新しいところです。

　新たに創設される「出生後休業支援給付金」も同じ観点から、給付を手厚くす

るものです。

2．出生後休業支援給付金

　出生後休業支援給付金は、夫婦ともに出生後一定期間内に14日以上の育児休業を取得する場合に、休業開始前賃金の13％相当額を給付するものです。既存の育児休業給付金と同時に受け取ることができ、育児休業給付金（支給率67％）と合わせて賃金の80％が補填されることになります。

　具体的には、男性は出生後 8 週間以内、女性は産後休業後 8 週間以内に、14日以上の育児休業を取得した場合に、28日間を限度に支給されます。なお、配偶者がいない場合や配偶者が雇用労働者でない場合（すなわち夫婦ともに育児休業が取得できる状況にない場合）は単独での育児休業取得も対象になります。

3．育児時短就業給付金

　育児介護休業法には、育児休業以外にも企業が導入すべき育児支援策が規定されています。その一つが時短勤務制度です。すなわち、 3 歳になるまで（2025年 4 月以後は小学校就学前）の子どもを養育する従業員の所定労働時間を短くする制度です（制度を利用するかどうかは従業員の選択によります）。法令上、 1 日の所定労働時間を 6 時間（以下）とする制度を導入することが義務付けられています。

　実際、多くの企業はこの時短勤務制度における所定労働時間を 6 時間としていますが、通常の所定労働時間を 8 時間とすれば時短の 2 時間分の給与の支払い義務はありません。したがって、単純計算では給与が75％（ 8 分の 6 ）に下がってしまうことになります。

　この収入減を補うために導入されるのが「育児時短就業給付金」です。時短勤務中の各月に支払われた給与額の最大10％相当額が支給されます（高年齢雇用継続給付と同じイメージです）。ただし、 2 歳未満の子を養育するための時短勤務期間が対象です。

4．育児介護休業法の改正

　育児介護休業法自体の改正法も2024年の通常国会で成立しました。育児に関するおもな改正事項は以下のとおりです（いずれも2025年 4 月 1 日施行）。

①　時短勤務等の措置の対象者の拡大

　　上述のとおり、 3 歳になるまでの子どもを養育する労働者に対し、勤務時間の短縮などの措置をとることが義務付けられていますが、この措置の対象者が「小学校就学前の子を養育する労働者」に拡大されます。

② 所定外労働の制限の対象者の拡大

　　３歳になるまでの子を養育する労働者は、申請した場合、所定労働時間を超えて労働すること（残業）が免除されます（労働者が請求した場合、事業主は所定労働時間を超えて労働させてはならないとされています）が、この所定外労働の制限の対象が「小学校就学前の子を養育する労働者」に拡大されます。

③ 子の看護休暇の対象者の拡大

　　年間10日（対象となる子が１人の場合）まで取得できる子の看護休暇の対象となる子は現在小学校就学前までの子ですが、小学校３年生までの子に拡大されます。

【表　改正後（2025年４月以降）の育児休業等給付】

		対象	支給額
育児休業給付	育児休業給付金	１歳（パパママ育休プラスの場合は１歳２カ月）に満たない子を育成するための育児休業を取得した場合（保育園に入れないなどの事情がある場合は最大２歳になるまで延長）	休業開始時賃金日額×支給日数×67％（180日経過後は50％）
	出生時育児休業給付金	出生後８週間以内の期間内に４週間以内の育児休業を取得した場合	休業開始時賃金日額×支給日数（28日が上限）×67％
出生後休業支援給付	出生後休業支援給付金	出生（女性は産後休業）後８週間以内の期間内に夫婦とも14日以上の育児休業を取得した場合	休業開始時賃金日額×支給日数（28日が上限）×13％
育児時短就業給付	育児時短就業給付金	育児のための時短勤務制度を選択した場合	支給対象月の賃金額×最大10％

3 多様な働き方に対応した改正事項

改正 ① 雇用保険の給付、拡充の一方で抑制も

2025年4月1日ほか施行（本文参照）

● 高年齢雇用継続給付の最大給付率が15％から10％に引き下げられます。
● 2024年通常国会での法改正等により、雇用保険の適用対象者が拡大されるとともに、基本手当や教育訓練給付の拡充が図られます。一方で縮小、廃止される給付もあります。

解　説

1．高年齢雇用継続給付の給付率引下げ（2025年4月1日施行）

　現在、15％となっている高年齢雇用継続給付の最大給付率（賃金が60歳到達時賃金の61％未満の場合に適用される給付率）が10％に引き下げられます（2020年の法改正で決定済みの改正事項です）。

　高年齢雇用継続給付の最大給付率は1995年の創設時は25％でしたが、その後2003年5月に15％になり、今回再び引き下げられることになります。この給付は60歳以降に給与が下がった場合にその下がった分の一部を補填するもので、雇用年齢の60歳から65歳への引上げを支援するものと位置づけられます。すでに再雇用などにより65歳になるまでの雇用は一般的になっていて、高年齢雇用継続給付はその役割を終えつつあるということでしょう。将来は廃止されることも見込まれています。

　なお、15％から10％への支給率の変更に伴い、60歳代前半の特別支給の老齢厚生年金の受給者が高年齢雇用継続給付を受給している場合の年金額の支給停止の率（在職老齢年金の仕組みにより停止される額に加えて停止される額を求める際に標準報酬月額の乗じる率）が最大6％から最大4％に変更されます。

２．2024年法改正の内容

　一方、2024年の通常国会で雇用保険法等の改正法が成立し、順次施行されます。おもな改正事項は以下のとおりです（法改正事項以外も含みます）。

⑴　適用拡大（2028年10月１日施行）

　　現在、雇用保険は週の所定労働時間が20時間以上の労働者を対象としていますが、この対象者が週の所定労働時間10時間以上の労働者に拡大されます。これに伴い、賃金日額の下限額なども変更されます。

⑵　基本手当の給付制限期間短縮（2025年４月１日施行）

　　自己都合離職者の基本手当の給付制限期間は従来３カ月であったものが、2020年10月に原則として２カ月に短縮されましたが、さらに短縮され１カ月となります。また、離職期間中や離職日から遡って１年以内に教育訓練を受けた場合は給付制限期間はなしになります。

⑶　就職促進給付の縮小（2025年４月１日施行）

　　基本手当の受給者が安定した職業以外の職業（再就職手当の対象にならない職業）に就いた場合に支給される就業手当が廃止されます。また、一定の要件の下、再就職手当に上乗せされる形で支給される就業促進定着手当はその給付率が引き下げられます。

⑷　教育訓練給付に新規給付金

　　教育訓練の受講後に賃金が５％以上上昇した場合の専門実践教育訓練給付金、および新たに資格取得等をした場合の特定一般教育訓練給付金について、受講費用の10％が従来の給付率に追加して支給されるようになります（2024年10月１日施行）。一方で教育訓練支援給付金は給付率が引き下げられます（2025年４月１日施行）。

　　また、在職中に教育訓練を受けるために休暇を取得した場合に、その間の生活を支えるために「教育訓練休暇給付金」が創設されます（2025年10月１日施行）。

　　（育児休業等給付に関する改正事項は83ページ参照）

改正② 労災保険、特別加入対象拡大

2024年11月1日施行予定

● 労災保険の特別加入の対象に「特定受託業務」を行う「特定受託事業者」が加えられます。これにより、従来の限定された業種にとどまらず、フリーランスが広く労災保険の保護の対象になります。
● 「特定受託事業者」はフリーランス法に規定されたもので、同法によるフリーランスの保護と軌を一にした動きです。

解　説

1．特別加入の類型と拡大の経緯

　業務上生じた負傷や疾病などに対して給付を行う労働者災害補償保険（労災保険）は、本来「労働者」を対象としています。業務上の負傷や疾病については「使用者」が補償を行うべきものであり、それを担保するための保険として労災保険が設けられています。

　したがって、労働者に該当しなければ労災保険の補償の対象にはならないのですが、労働者に該当しなくても、業務の実態などからみて労災保険の対象にするのがふさわしい人がいます。そうした、本来であれば対象にならない人も労災保険の保護の対象にしているのが「特別加入」という制度です。

　労働者に準じる者としての特別加入の対象者は以下の3つの類型があります（このほかに、国内企業の従業員で海外で働く「海外派遣者」も特別加入の対象です）。

① 中小事業主

　労働者を常時使用している使用者などです。従業員を雇っている個人事業主やオーナー社長などが該当します。中小企業では社長自らが従業員と同様に働くことも多いことから特別加入の対象になっています。

② 一人親方

　労働者を使用しないで事業を行っている自営業者などです。たとえば個人タ

クシーの運転手などが該当します。

③　特定作業従業者

　労働者には該当しないものの労働者性が高い事業に従事している人です。たとえば一定の農作業に従事する人などが該当します。

　上記のうち、②の一人親方と③の特定作業事業者に該当する業種、作業の種類は省令に定められています（限定列挙されています）。近年、この省令に新たな業務や作業が加えられることで、特別加入の対象が拡大されてきました（表を参照）。

２．フリーランス法に連動

　この特別加入の対象に新たに「特定受託業務」が追加されます。特定受託業務とは、個人事業主で従業員を使用しない人、または法人の代表者であって他に役員がいなく従業員もいない人（＝「特定受託事業者」）が業務委託を受けて働くことを指します。個人事業主が雇用契約ではなく業務委託契約により仕事を受託しているケース──いわゆるフリーランスの形態による働き方がこれに該当します。これにより従来限定列挙されていた業種以外にも広く──事実上すべての業種で──フリーランスが特別加入の対象になります。厚生労働省の資料によれば対象者は270万人にのぼるとされています。

　このフリーランスへの特別加入の対象拡大は、「特定受託業務に係る取引の適正化等に関する法律」（フリーランス法）の制定に連動した動きです。フリーランス法は、労働者（被用者）ではなくフリーランスで事実上労働者と同じような働き方をしている人を保護するために設けられた法律です。2023年の通常国会で可決成立し、2024年11月１日施行予定です。

　今回特別加入の対象に加えられる「特定受託業務」における「特定受託事業者」はフリーランス法に、その対象となる者として規定されています。すなわち、フリーランス法による保護の対象になる人が、労災保険の保護の対象にもなる、ということです。労災保険法の省令の改正の施行日はフリーランス法の施行日とされていて、2024年11月に施行される予定です。

３．特別加入者の保険料と給付基礎日額

　労災保険料は賃金に業種ごとに定められた保険料率を乗じて計算され、その全額を事業主が負担します。ただし、特別加入者は労働者として賃金を得ていないので、保険料を計算することができません。また、保険給付の基礎となる給付基礎日額[注1]を賃金に基づき算定することもできません（通常の加入者の場合、

給付基礎日額は労働基準法に規定された平均賃金に相当する額であり、原則として過去3カ月間に支払われた賃金の総額をその間の総暦日数で除して求めます）。

そこで、特別加入者は加入に際し3,500円から25,000円まで^(注2)段階的に定められた16の金額から自ら希望する給付基礎日額を申請することになっています。保険料は申請した給付基礎日額に365を乗じた額に保険料率を乗じて計算した額であり特別加入者自身が負担します。保険給付は加入時に申請した給付基礎日額に基づいて行われます（加入後に給付基礎日額を変更することも可能です）。

なお、一部の特別加入者は住居と就業の場所との往復の実態が明確でないため通勤災害は補償の対象になりません（自動車による運送事業、特定農作業事業者など）。

加入手続きは労働保険事務組合や特別加入団体（一人親方の組合など）を通じて行います。

（注1） 給付の基礎となる額で、たとえば休業補償給付は1日当たり給付基礎日額の60％相当額などとされています。

（注2） 特定作業従事者のうち、家内労働者はさらに3,000円、2,500円、2,000円の給付日額を選択することができます。

【表 最近新たに特別加入の対象になった人(業種)】

2022年7月1日	歯科技工士
2022年4月1日	あん摩マッサージ指圧師 はり師 きゅう師
2021年9月1日	自転車を利用した貨物運送事業を行う者 ITフリーランス
2021年4月1日	芸能関係作業従事者 アニメーション制作作業従事者 柔道整復師

～働き続ける方が公的医療保険の保険料は安いかも～

Coffee Break

　資産運用をしてFIREを目指そう!という記事や書籍をよく見かけますが、実は給与所得者として働くほうが公的医療保険の保険料は安いかもしれないことをご存じでしょうか?

　健康保険の保険料は、標準報酬月額、標準賞与額をもとに計算され、副業や投資、年金収入等は保険料に影響がありません。

　仮に、標準報酬月額24万円、標準賞与額年間72万円（年収360万円）、保険料率10%（介護保険料率を含むと11.6%）である場合、労使折半ですので、加入者の保険料負担は18万円（介護保険料を含むと約21万円）となります。

　一方、都道府県・市町村が保険者となる国民健康保険の保険料の算定方法は市（区）町村ごとで異なり、筆者が住む自治体は均等割と所得割の合計で求めます。国民健康保険の保険料が高くなりやすい要素が2つあります。

　1つは、国民健康保険には、被扶養者という制度はなく、収入・所得がない者にも均等割があるため、家族が多いほど、保険料が多くなります。

　筆者が住む自治体（2024年度）では40歳未満、65歳以上は1人当たり6.56万円（介護保険に加入する40歳以上65歳未満は8.21万円）です。

　2つめは、所得割は、退職所得等、一部の所得金額を除き、事業、年金、確定申告がなされた配当、譲渡所得等を含めた総所得金額等から43万円を差し引いた金額（旧但し書き所得）に対して保険料率を乗じて求めます。

　つまり、健康保険とは「均等割があること」「保険料の賦課対象の範囲が広いこと」という点で大きく異なります。筆者が住む自治体の保険料率（2024年度）は11.49%（40歳以上65歳未満は13.50%）ですので、旧但し書き所得が100万円である場合、保険料は約11.5万円（40歳以上65歳未満は約13.5万円）となり、加入者が2人で、旧但し書き所得が100万円の場合の保険料は、40歳未満、65歳以上の約24.6万円、40歳以上65歳未満である場合は約30万円となります。家族状況や所得金額で異なるため、一概には言えませんが、健康保険に加入できる75歳まで働くことで、収入を確保しつつ、保険料負担を抑えることができるかもしれません。

第4章

"医療・介護" ここが変わる!

　2024年は近年では最も"医療・介護"の変化が大きく注目の年です。診療報酬は2年に1度の改定、介護報酬及び障害福祉サービス等報酬は3年に1度の改定で、2024年は医療、介護、障害福祉サービスのトリプル報酬改定が行われる6年に1度の年です。同時改定を機に制度間の調整が行われ、改定内容は重要かつ大規模で項目も多岐にわたります。いずれの改定も「2025年問題」と「2040年問題」を見え据えた内容で、将来の生産年齢人口減少とともに起こる社会保障費の増大に対して国の考える政策の方向性が示されています。また、2024年は医師の働き方改革も始まり、労働時間の調整だけでなく、DXを活用した業務の効率化も本格的にスタートします。

1 診療報酬の改定と影響

改正① 2024年度に行われる診療報酬改定は、医療、介護、障害福祉サービスのトリプル改定

改定時期を2024年４月から、６月改定に後ろ倒し

2024年診療報酬改定のポイント
- 現下の雇用情勢も踏まえた人材確保・働き方改革等の推進（重点課題）
- ポスト2025を見据えた地域包括ケアシステムの深化・推進や医療DXを含めた医療機能の分化・強化、連携の推進
- 安心・安全で質の高い医療の推進
- 効率化・適正化を通じた医療保険制度の安定性・持続可能性の向上

解　説

診療報酬改定概論

　診療報酬とは、患者が保険証を提示して医師などから受ける医療行為に対して、保険制度から支払われる料金のことで、病院・診療所等の医療機関において、医師・看護師など医療スタッフの人件費はもちろん、医薬品・医療材料の購入費や施設を維持・管理していく費用は診療報酬の中から賄われています。診療報酬は医療の進歩や世の中の経済状況とかけ離れないよう通常２年に一度見直され、それを「診療報酬改定」と言っています。

　2024年度に行われる診療報酬改定は、医療、介護、障害福祉サービスのトリプル改定となります。前述の通り、診療報酬は２年に１度改定が行われる一方、介護報酬及び障害福祉サービス等報酬は３年に１度改定が行われ、今回は６年に１度の巡り合わせとなり、同時改定が行われることから、この機会に制度間の調整が行われることになるため、改定内容は重要かつ大規模で項目も多岐にわたっています。

2024年診療報改定の基本的視点と示された方向性

　2024年の診療報酬改定の位置づけを捉えるために、これまでの診療報酬改定を大まかに振り返りたいと思います。2018年度の診療報酬、介護報酬及び障害福祉サービス等報酬の同時改定では、団塊の世代が全て75歳以上の高齢者となる2025年に向けた道筋を示すものとして、大病院と診療所（クリニック）の医療機能の分化・強化、連携や、医療と介護の役割分担と切れ目のない連携を着実に進める改定が行われ、2020年度診療報酬改定では、重点課題として医師等の働き方改革等の推進に取り組んできました。2022年度診療報酬改定では、これらの取り組みをさらに推進するとともに、新型コロナウイルス感染症への対応や、感染拡大により明らかになったさまざまな医療提供体制の課題に対応しました。

　そして2024年度診療報酬改定では、物価高騰・賃金上昇、経営の状況、人材確保の必要性、患者負担・保険料負担の影響を踏まえ、これまでの改定の流れを継承しながら、ポスト2025年のあるべき医療・介護の提供体制を見据えつつ、DX（デジタルトランスフォーメーション）等の社会経済の新たな流れも取り込んだ上で、効果的・効率的で質の高い医療サービスの実現に向けた取り組みを進める方向が示されました。

　2024年度の診療報酬改定率は、診療報酬本体がプラス0.88％、薬価等がマイナス１％、全体ではマイナス0.12％となりました。各科の改定率は、医科がプラス0.52％、歯科がプラス0.57％、調剤がプラス0.16％となりました。また、診療報酬本体の内訳として、40歳未満の勤務医師・勤務歯科医師・薬局の勤務薬剤師、事務職員、歯科技工所等で従事する者の賃上げに資する措置分として、プラス0.28％程度、看護職員、病院薬剤師その他の医療関係職種について、2024年度にベアプラス2.5％、2025年度にベアプラス2.0％を実施していくための特例的な対応として、プラス0.61％、入院時の食費基準額の引き上げ（１食当たり30円）の対応としてプラス0.06％、生活習慣病を中心とした管理料、処方箋料等の再編等の効率化・適正化としてマイナス0.25％が計上されています。なお、これらはすべて通常改定年の４月に行われるのが慣例ですが、今回は６月に施行されます。理由は、診療報酬改定DXの推進に向け、医療機関・薬局等やベンダの集中的な業務負荷を平準化するため変更が行われました。改定率引き上げ分の大半が賃上げに割り当てられ、純粋な入院・外来医療の運営には厳しい見直しになりました。

　また、2024年のトリプル改定に影響を与えている社会情勢に、「2025年問

題」と「2040年問題」があります。2025年問題は、団塊の世代が後期高齢者になることで医療・介護などを必要とする方が急増する課題の総称です。一方、2040年問題は、生産年齢人口減少とともに社会保障費の増大や、インフラ、公共施設の老朽化が進む問題の総称です。特に、2040年には、第2次ベビーブーマーが65歳を超え、65歳以上の人口が全人口の約35％になると予測（厚生労働省：「我が国の人口について」）されています。これらの問題がトリプル改定に与える影響は大きく、高齢者の医療・介護が増加するなかで、2040年問題対策として「生涯現役社会」をスローガンとする、高齢者が働きやすい社会づくりを重視したサービスの提供が求められています。

① 現下の雇用情勢も踏まえた人材確保・働き方改革等の推進

【改定項目】

・賃上げに向けた評価の新設	・地域医療体制確保加算の見直し
・入院基本料等の見直し	・看護補助体制充実加算に係る評価の見直し
・初再診料等の評価の見直し	・時間外対応加算の見直し
・医師事務作業補助体制加算の見直し	・超急性期脳卒中加算の見直し
・特定集中治療室管理料等の見直し	・DPC／PDPSの見直し
・ICT、AI、IoT等の活用による業務負担軽減の取り組みの推進	・感染対策向上加算等における専従要件の明確化

　2024年4月から、医師について時間外労働の上限規制が適用されます。医師等の働き方改革を進め、心身ともに健康に働き続けることのできる環境を整備することは、患者・国民に対して提供される医療の質・安全を確保すると同時に、持続可能な医療提供体制を維持していく上で重要と国も認識しています。今回の改定では、この規制適用後も、引き続き医療提供体制改革の進展の状況、医療の安全や地域医療の確保、患者や保険者の視点等を踏まえながら、診療報酬の対応がより実効性のあるものとなるよう、個々の労働時間の調整だけでなく、DXを活用した業務の効率化を目指す内容となっています。診療報酬ではこれまでも、タスク・シェアリング／タスク・シフティングやチーム医療の推進等、医療従事者の高い専門性の発揮と医療機関における勤務環境改善に資する取り組みが評価されてきましたが、今改定では業務の効率化に資するICTの利活用の推進も評価されました。

【表　用語解説】

タスク・ シェアリング	医師の業務を複数の他職種で分け合う「業務の共同化」を指します。タスク・シフトが特定の人物に業務を任せる一方で、タスクシェアは職種を超えて業務を分け合うイメージです。例えば、医師の代わりに薬物治療の中心を担えるよう、薬剤師へのタスクシェアについて検討が進行中です。この場合、医師との協働によるプロトコール(臨床研究実施計画書)に基づいた投薬の実施、多剤併用に対する処方提案、抗菌薬の治療コントロールなどが挙げられます。
タスク・ シフティング	看護師や薬剤師をはじめとする他職種に、医師の業務の一部を任せる「業務移管」を指します。実質的には2015年に「特定行為に係る看護師の研修制度」が創設され、研修を受けた看護師は、医師の指示の下、人工呼吸器の離脱や気管カニューレの交換など「38の医療行為」を実施できるようになりました。現在は、看護師だけでなく、診療放射線技師や臨床検査技師、臨床工学技士に医師の業務をタスク・シフトできるよう法改正が検討されています。

　ただ病院勤務医師労働の現状は、特に救急、産婦人科、外科や若手の医師は長時間の傾向が強く、病院常勤勤務医の約4割が年960時間超、約1割が年1,860時間超の時間外・休日労働を行っており、36協定が未締結や、客観的な時間管理が行われていない労務管理が不十分な医療機関もあり、その背景には患者への病状説明や血圧測定、記録作成なども医師が担当している実情があります。目指す姿は労務管理の徹底を行い、労働時間の短縮により医師の健康を確保することに加え、全ての医療専門職それぞれが、自らの能力を生かし、より能動的に対応できるようにすることです。それが、質と安全が確保された医療を持続可能な形で患者に提供することに繋がります。

　そもそも医師だけでなく、医療従事者の労働環境は一般企業よりも決して良い環境にはありません。一般企業においては、2023年の春闘などを通じて賃上げが行われているものの、医療分野では賃上げが他の産業に追いついていない状況にあります。そうした中で、医療分野における人材確保の状況は、高齢化等による医療需要増加の一方、有効求人倍率が全職種平均の2～3倍程度の水準で高止まるとともに、入職率から離職率を差し引いた医療分野の入職超過率は0%に落ち込むなど悪化の一途をたどっています、また、長期的にも、人口構造の変化に

より生産年齢人口の減少に伴った支え手不足が見込まれるため、必要な処遇改善等を通じて、医療現場を支えている医療従事者の人材確保のための取り組みを進めることが急務です。その際、特に医師、歯科医師、薬剤師及び看護師以外の医療従事者の賃金の平均は全産業平均を下回っており、また、このうち看護補助者については介護職員の平均よりも下回っていることへの対応が必要と考えられています。

② ポスト2025を見据えた地域包括ケアシステムの深化・推進や医療DXを含めた医療機能の分化・強化、連携の推進

【改定項目】

・医療情報・システム基盤整備体制充実加算の見直し	・医療DX推進体制整備加算の新設
・在宅医療における医療DXの推進	・救急時医療情報閲覧機能の導入の推進
・診療報酬における書面要件の見直し	・医療機関・薬局における事務等の簡素化・効率化
・地域で救急患者等を受け入れる病棟の評価	・医療機関と介護保険施設の連携の推進
・介護保険施設入所者の病状の急変時の適切な入院受け入れの推進	・訪問看護ステーションの機能に応じた訪問看護管理療養費の見直し
・入退院支援加算1・2の見直し	・認知症ケア加算の見直し
・地域包括ケア病棟入院料の評価や施設基準の見直し	・一般病棟用の重症度、医療・看護必要度の評価項目及び施設基準の見直し
・疾患別リハビリ料の実施者別区分の創設	・地域包括診療料等の見直し
・療養病棟入院基本料の見直し	・生活習慣病に係る医学管理料の見直し
・回復期リハビリ病棟入院料の評価及び要件の見直し	・地域における24時間の在宅医療提供体制の構築の推進
・時間外対応加算の見直し	・包括的支援加算の見直し
・往診に関する評価の見直し	・リハビリに係る医療・介護情報連携の推進
・在宅時医学総合管理料及び施設入居時等医学総合管理料の見直し	・訪問診療の頻度が高い医療機関の在宅患者訪問診療料の見直し

そして、2025年は「地域医療構想」の最終年です。この構想は、各地域における将来の医療ニーズを先取りし、持続可能な医療提供体制を築くための取り組

みです。政府は、2014年6月に「医療介護総合確保推進法」を成立させ、そこで「地域医療構想」が制度化されました。背景にあるのは、日本の超高齢化社会の問題です。2040年まで、医療や介護のニーズが増加していくと予測されるなか、2025年に備え、医療や介護サービスの各地域における提供体制の整備が求められているのです。

　具体的な方向性の例として、医療DXは、診察や治療で得た情報やデータを活用し、業務やシステム、データ保存の外部化・共通化・標準化を図り、国民自身の予防を促進し、より良質な医療やケアを受けられるように、社会や生活の形を変えることと定義されています。これまでも質の高い医療を提供すること、感染症などが起こった際にも迅速な対応ができるよう、医療DXが進められてきました。2023年より運用が行われているオンライン資格確認や電子処方箋のシステム導入により、医療情報を有効的に活用していくことは、適切な医療を提供することにもつながります。

　地域包括ケアシステムの深化、推進については、住み慣れた地域で自分らしい暮らしを続けることができるよう、地域包括ケアシステムの構築実現に向け、これまでも取り組みが行われてきました。また、今後見込まれている高齢者の増加に伴い、必要とする人に適切な医療を提供するには、医療機関の機能分化が求められます。いわゆる大病院としての位置づけである基幹病院と診療所（クリニック）、介護施設など連携を図ることが重要であるといえます。

　リハビリ、栄養管理等の連携、推進については、医療費削減のため、ADL（日常生活動作）の低下等の防止が求められています。今改定も、リハビリや栄養管理等によって、重症化を未然に防止することを評価しており、今後も推進していくとされています。

　かかりつけ医機能の評価については、2022年の診療報酬改定では、外来医療における適切な役割分担を図り、専門医療機関への受診判断等を含む、より的確で質の高いかかりつけ医機能を持つ診療所を評価する機能強化加算の要件が見直されました。今回の改定においても、かかりつけ医機能は引き続き評価したうえで、地域の介護従事者と顔の見える関係を構築することで、連携を図ることを推進するとされました。

　質の高い在宅医療・訪問看護の確保について、近年では、「住み慣れた自宅で最期を過ごしたい」、「できるだけ家族と長く一緒に過ごしたい」と、在宅診療を希望する患者も増えてきました。高齢化に伴い、今後はより在宅医療・訪問診療

のニーズが高まることが想定されており、質の高い医療を提供できる体制を確保することが求められています。

③　安心・安全で質の高い医療の推進

【改定項目】

・入院時の食費の基準の見直し	・外来腫瘍化学療法診療料の見直し
・遺伝学的検査の見直し	・初期診療後の救急患者の転院搬送に対する評価
・データ提出加算及びデータ提出加算に係る届け出を要件とする入院料の見直し	・新生児特定集中治療室重症児対応体制強化管理料の新設
・救急医療管理加算の見直し	・入退院支援加算3の見直し
・緩和ケア病棟における在宅療養支援の充実	・精神疾患を有する者の地域移行
・地域定着に向けた重点的な支援を提供する病棟の評価の新設	

　物価高騰を踏まえながらも、患者にとって安心できる質の高い医療を確保するための取り組みが必要です。医療技術の進展や疾病構造の変化を受け入れつつ、イノベーションを推進し、新しい医療ニーズに対応できる医療体制を作る必要があります。そのための取り組みを評価できる体制づくりを進める方針です。

④　効率化・適正化を通じた医療保険制度の安定性・持続可能性の向上

【改定項目】

・バイオ後続品の使用促進	・長期収載品の保険給付の在り方の見直し
・プログラム医療機器の使用に係る指導管理の評価	・検査、処置及び麻酔の見直し
・費用対効果評価制度の活用	・医療DXの推進による医療情報の有効活用
・入院中の薬物療法の適正化に対する取り組みの推進	・遠隔医療の推進

　医薬品に関する項目が並んでいますが、特に長期収載品に関しては、後発品との価格差の4分の1を患者負担とする「選定療養」の制度が2024年10月から施行されることになりました。これによる医療費削減効果は数百億円を見込んでお

り、今改定の効率化の"目玉"として注目されます。また、バイオ後続品についても入院や外来の使用促進が進むような評価が行われることが決まっており、後発品を含めた先発品からの置き換えを進めていく方向性が示されています。

　このように、診療報酬改定には、国の目指す政策の狙いが明確に反映しています。2024年度はトリプル改定の年でもあることに加え、公的年金制度も5年に一度の財政検証の年です。言うまでもなく社会保障政策の方向性は、FPとしてライフプランニングを行う上で重要な情報で、2024年は注目の改定が目白押しですので、ぜひ情報収集してください。

2 介護報酬の改定と影響

改正 ① 2024年度介護報酬改定は、介護報酬全体の改定率は1.59%プラス

改定時期を2024年４月からと６月からに分割

2024年介護報酬改定のポイント

人口構造や社会経済状況の変化を踏まえ、以下の４つを基本的な視点として実施されます。

① 地域包括ケアシステムの深化・推進
② 自立支援・重度化防止に向けた対応
③ 良質な介護サービスの効率的な提供に向けた働きやすい職場づくり
④ 制度の安定性・持続可能性の確保に関する改定

解 説

介護報酬改定概論

　介護報酬とは、介護事業者が利用者（要介護者又は要支援者）に介護サービスを提供した場合に、その対価として事業者に対して支払われる報酬のことです。介護報酬は、介護サービスの種類ごとに、サービス内容又は要介護度、事業所・施設の所在地等に応じた平均的な費用を勘案して決定することとされています。介護報酬の基準額は、介護保険法上、厚生労働大臣が審議会（介護給付費分科会）の意見を聴いて定めることとされています。

　2024年度に行われる介護報酬改定は、医療、介護、障害福祉サービスのトリプル改定となります。診療報酬は２年に１度改定が行われる一方、介護報酬及び障害福祉サービス等報酬は３年に１度改定が行われ、今回は６年に１度の巡り合わせとなり、同時改定が行われることから、この機会に制度間の調整が行われることになるため、改定内容は重要かつ大規模で項目も多岐にわたっています。

2024年介護報酬改定の基本的視点と示された方向性

　2024年の介護報酬改定の位置づけを捉えるために、これまでの介護報酬改定にあたっての主な視点を大まかに振り返りたいと思います。2015年度改定では、中重度の要介護者や認知症高齢者への対応の更なる強化、介護人材確保対策の推進（1.2万円相当）、サービス評価の適正化と効率的なサービス提供体制の構築が行われました。2017年度改定では、介護人材の処遇改善（1万円相当）がなされ、2018年度改定では、地域包括ケアシステムの推進、自立支援・重度化防止に資する質の高い介護サービスの実現、多様な人材の確保と生産性の向上、介護サービスの適正化・重点化を通じた制度の安定性・持続可能性の確保が行われました。地域包括ケアシステムとは、高齢者の尊厳の保持と自立生活の支援の目的のもとで、可能な限り住み慣れた地域で、自分らしい暮らしを人生の最期まで続けることができるよう、地域の包括的な支援・サービス提供体制のことです。我が国は、世界でも例をみないスピードで高齢化が進行し、団塊の世代が75歳以上となる2025年以降は、国民の医療や介護の需要が、さらに増加することが見込まれています。このため、厚生労働省は、2025年を目途に、地域包括ケアシステムの構築を推進しています。2019年度改定（10月〜）では、介護人材の処遇改善、消費税の引き上げ（10%）への対応、基本単位数等の引き上げ、区分支給限度基準額の引き上げ、補足給付に係る基準費用額の引き上げが行われました。補足給付とは施設入居者の食費・居住費（水道光熱費相当）に関する負担軽減制度です。介護保険加入者の収入は8段階に区分され、第1段階から第3段階までが「補足給付」の対象になっています。2021年度改定では、感染症や災害への対応力強化、地域包括ケアシステムの推進、自立支援・重度化防止の取り組みの推進、介護人材の確保・介護現場の革新、制度の安定性・持続可能性の確保が行われました。

　これまでの介護報酬改定の主な視点から、厳しさを増す公的介護保険財政の持続可能性の最大化と、恒常的かつ今後ますます重くなる介護人材不足の軟着陸を目指し、介護重度化を防ぎつつ住み慣れた町で地域包括ケアシステムを柱とした在宅介護を志向するなか、新型コロナウイルス感染症への対応にも見舞われながら、国が難しい舵取りを余儀なくされている姿が見えてきます。

　こうした流れを踏襲し、2024年介護報酬改定では、人口構造や社会経済状況の変化を踏まえ、①地域包括ケアシステムの深化・推進②自立支援・重度化防止に向けた対応③良質な介護サービスの効率的な提供に向けた働きやすい職場づく

り④制度の安定性・持続可能性の確保に関する改定、の４つを基本的な視点とし
て実施されました。

① 地域包括ケアシステムの深化・推進
「地域包括ケアシステムの深化・推進」では、介護を必要とする方に質の高いケ
アマネジメントやサービスを切れ目なく提供できることを目指しています。加え
て、地域の実情に合った柔軟性を持たせ、効率的な取り組みを推進する視点です。
【改定項目】

・質の高い公正中立なケアマネジメント 居宅介護支援における特定事業所加算の算定要件や、居宅介護支援事業者が介護予防支援を行う場合の要件などについて見直しがされます。	・地域の実情に応じた柔軟かつ効率的な取り組み 訪問介護における特定事業所加算の要件や、総合マネジメント体制強化加算の区分について見直しがされます。また、通所介護費等の所要時間の取り扱いについて、気象状況悪化などのやむを得ない事情が考慮されるようになります。
・医療と介護の連携の推進 看護師や薬剤師によるケアへの加算や、医療機関による居宅介護支援の評価の見直しなどが行われます。	・看取りへの対応強化 各種介護施設におけるターミナルケア加算や看取り体制強化の評価などについて、見直しが行われます。
・感染症や災害への対応力向上 高齢者施設等における感染症対応力の向上や、感染した高齢者の施設内療養についての評価が行われます。業務継続計画が策定されていない事業所への減算導入も特徴です。	・高齢者虐待防止の推進 虐待の発生や再発の防止ができる措置が求められるようになり、身体的拘束等の適正化も図られています。
・認知症の対応力向上 認知症についての加算の見直しや、認知症の予防・リハビリテーションを評価する加算が設けられます。	・福祉用具貸与・特定福祉用具販売の見直し 一部の福祉用具について貸与と販売の選択制導入や、福祉用具貸与のモニタリング実施時期の明確化などが行われます。

（出典：厚生労働省「令和６年度介護報酬改定に関する審議報告」）

今回の改定で、福祉用具の一部（歩行補助杖、歩行器、手すりなど）が貸与か
ら販売へ変わることが予想されます。理由は、廉価な福祉用具を貸与から販売に

変更すると、ケアプラン作成などのケアマネジメント費用をなくせるためで、安価な福祉用具（歩行補助杖、歩行器、手すりなど）はレンタルではなく購入対象へ変更となる可能性があります。福祉用具を販売に変更すると、高齢者とケアマネージャーのモニタリングの機会が失われる恐れがあるため、高齢者の孤立を防ぐ対策も必要となるでしょう。

② 自立支援・重度化防止に向けた対応

「自立支援・重度化防止に向けた対応」では、高齢者の自立支援や重症化防止を実現するために、多職種間の連携やデータの活用を推進しています。

【改定項目】

・リハビリテーション・機能訓練、口腔、栄養の一体的取り組み等 リハビリテーションマネジメント加算や個別機能訓練加算(II)における新たな区分の設置、医療と介護の連携を推進するための各種見直しを行う内容で、サービス利用者に対する口腔・栄養の管理強化や介入の充実、介護と医療関係者の連携推進といった取り組みも行われます。	・自立支援・重度化防止に係る取り組みの推進 通所型サービスにおける入浴介助加算の見直しや、個室ユニット型施設の管理者に対するユニットケア施設管理者研修受講の努力義務化が行われます。介護老人保健施設における在宅復帰・在宅療養支援等評価指標と要件の見直しや、かかりつけ医連携薬剤調整加算の見直しも行われます。
・LIFEを活用した質の高い介護 厚生労働省が推進しているLIFE（科学的介護情報システム）の活用について、入力項目の見直しや加算の見直しが行われます。特にLIFEによるアウトカム評価の充実は大きな変更点です。排せつ支援加算や褥瘡マネジメント加算等について評価の項目が増えて、介護の質向上を図る内容となっています。	

（出典：厚生労働省「令和6年度介護報酬改定に関する審議報告」）

※ LIFEとは、介護サービス利用者の状態や、介護施設・事業所で行っているケアの計画・内容などを一定の様式で入力すると、インターネットを通じて厚生労働省へ送信され、入力内容が分析されて、当該施設等にフィードバックされる情報システムです。介護事業所においては、PDCAサイクルを回すために活

用するためのツールと言えます。

※　アウトカム評価とは、効果や数値を用いた評価手法の一つで、福祉だけではなく医療や歯科、看護、地域保健、ビジネスなどの事業や取り組みの、評価が必要な場面で利用されています。介護報酬へ導入されたアウトカム評価は、アウトカム（結果）を「利用者の状態改善」の意味で捉えています。

③　安心・安全で質の高い医療の推進

　「良質なサービスの効率的な提供に向けた働きやすい職場づくり」では、処遇改善や働きやすい職場環境づくりなど、介護人材の不足に対処する内容が盛り込まれています。また、人員配置・勤務体制などについて、基準の見直しや明確化が行われました。

【改定項目】

・介護職員の処遇改善 介護職員処遇改善加算・介護職員等特定処遇改善加算・介護職員等ベースアップ等支援加算が、４段階の介護職員等処遇改善加算に一本化されます。介護職員の処遇改善につながる措置を、なるべく多くの事業所が活用できるようにするための改定です。改定には１年間の経過措置期間が設けられます。	・生産性の向上等を通じた働きやすい職場環境づくり テレワークの取り扱いについての明確化や、介護ロボット・ICTといったテクノロジーの活用を推進する内容です。介護の全サービスにおいて、治療と仕事の両立ができる環境整備を進めるために、人員配置基準や報酬算定についての見直しも行われます。また、外国人介護職員における人員配置基準上の取り扱いも見直しが行われ、要件を満たすことで就労開始直後から人員配置基準に算入できるようになります。
・効率的なサービス提供の推進 介護サービスの管理者の責務を明確化した上で、管理者が責務を果たせる場合であれば、兼務できる事業所の範囲が同一敷地内でなくても差し支えなくなります。また、訪問看護等における24時間対応の体制について、見直しや評価区分の新設が行われます。他にも、退院時共同指導の指導内容が文書以外で提供可能になるなど、柔軟なサービス提供につながる内容です。	

（出典：厚生労働省「令和６年度介護報酬改定に関する審議報告」）

処遇改善加算の一本化は、まさに賃上げにも関係してきます。現行の制度では「処遇改善加算」「特定処遇改善加算」「ベースアップ等支援加算」の3つの処遇改善加算があり、それぞれ算定要件や対象職種などが違うことから、事務作業の煩雑さや職種間の差が生じ、申請に至らなかった事業所もあり、それらを一つにまとめてしまう現場待望の改定案です。一本化に際し、職員の給料加算額の配分方法については、これまでのような規定を減らし、「介護職員への配分を基本とし、特に経験・技能のある職員へ重点的に配分することとするが、事業所内での柔軟な配分を認める」という意見が、介護保険制度について議論を行う社会保障審議会で出されています。結果、職種間の不公平感の解消にもつながると期待される一方で、処遇改善加算はあくまで介護職員が対象なので、直接介護を行わないケアマネージャーや管理者、事務員などは対象外となるため、一本化の恩恵が得られない事業所もあります。

④　制度の安定性・持続可能性の確保

　「制度の安定性・持続可能性の確保」では、介護保険制度の安定性と持続可能性を確保し、全世代が安心して利用できる制度の構築を目指しています。

【改定項目】

・評価の適正化・重点化	・報酬の整理・簡素化
訪問看護における同一建物減算について、利用者の一定割合以上が同一建物等居住者である場合に対応した新たな区分を設け、さらに見直しも行います。また、短期入所生活介護の長期利用が増加している状況を踏まえ、施設入所と同等の利用形態となる場合には、施設入所の報酬単位との均衡が図られるようになります。	運動器機能向上加算が廃止され、基本報酬への包括化が行われます。他にも、認知症情報提供加算・地域連携診療計画情報提供加算・長期療養生活移行加算が廃止されます。報酬の見直しでは、定期巡回・随時対応型訪問介護看護の基本報酬と、経過的小規模介護老人福祉施設等の範囲について見直しが行われます。

（出典：厚生労働省「令和6年度介護報酬改定に関する審議報告」）

　保険料・公費・利用者負担で支えられている介護保険制度の安定性・持続可能性を高めていくことで、すべての世代にとって安心できる制度としていくことが求められます。訪問介護における同一建物等居住者にサービス提供する場合の報酬減算を見直されました。訪問介護において、同一建物等居住者へのサービス提供割合が多くなるにつれて、訪問件数は増加し、移動時間や移動距離は短くなっ

ている実態を踏まえ、同一建物減算について、事業所の利用者のうち、一定割合以上が同一建物等に居住する者への提供である場合に、報酬の適正化を行う新たな区分を設け、更に見直しが行われました。また、一部の介護老人保健施設や介護医療院の多床室室料について、負担が増えることが決まっています。運動器機能向上加算を基本報酬へ包括化することにより、予防通所リハビリテーションにおける身体機能評価をさらに推進するとともに、報酬体系の簡素化を行う観点から見直しを行います。また、長期療養生活移行加算は、介護療養型医療施設が2023年度末に廃止となるので廃止となりました。

　これらの介護報酬改定から、高齢者の急増を懸念していた2025年のシチュエーションから、現役世代の急速な減少が進む中で大量の要介護者を抱える2040年へ移行し、公的介護保険制度の課題が山積していることが伝わってきます。今後介護状態になった場合、福祉用具の購入費用や、施設の多床室を使った場合にもかかる室料負担、食事代の値上げ、高所得者から始まる負担の増加と給付の減少は一般所得者へも広がる見込みであり、ファイナンシャルプランニング上のリタイアメントプランに介護費用を織り込むことはますます重要になっています。

3 最新医療技術の保険適用

改正 ① 認知症治療薬レカネマブの保険適用

2023年12月20日より適用

● 2023年12月より、アルツハイマー病を対象とした認知症新薬「レカネマブ」（商品名レケンビ）の薬価、そして保険適用が中医協で決定され健康保険適用されました。

● 薬価（公定価格）は、1人あたり年間298万円（体重50キロの場合）で、患者の自己負担は、高額療養費制度により、70歳以上の一般所得層（年収156万～約370万円）で年14万4,000円が上限となります。

● 患者自身のQOL（クオリティ・オブ・ライフ／生活の質）を高め、家族の介護負担の軽減につながる認知症治療薬として、期待を集めていますが、FPとしてクライアントの資産活用の希望を叶える上で、どんな影響があるのかその動向に注目することが必要でしょう。

解　説

レカネマブは認知症治療に福音をもたらすか

　レカネマブは、製薬大手エーザイが2023年1月、厚生労働省に製造販売の承認を申請しました。レカネマブは、同社と米製薬企業バイオジェンが共同開発した薬で、米国では同年1月米食品医薬品局（FDA）に条件付きで迅速承認されていました。また、欧州連合（EU）の薬事当局「欧州医薬品庁（EMA）」にも承認申請し、日本国内では年内の承認を目指していました。

　そもそもレカネマブは、どんな作用機序で効果を発揮するのでしょうか。認知症を種類別にみると、アルツハイマー型認知症が約7割を占め、脳血管性認知症が2割で、この2つの混合型も含め8～9割は占めています。アルツハイマー型

認知症を最初に発見したのは、ドイツの医師アロイス・アルツハイマーで、100年以上前に初めて報告してから、世界中で原因と治療法の研究が進められてきましたが、いまだにメカニズムは完全には解明されていません。一方、国内で認知症薬が数種類使われているのは皆さんご存じだと思います。現在、国内で承認されているアルツハイマー病の薬は4種類あり、残った神経細胞の働きを高めるなどして一時的に症状を緩和しますが、脳の神経細胞が壊れていくこと自体を止めることはできない、いわば対症療法的な薬で根治薬ではありません。ところが最近、アルツハイマー型認知症になった患者の脳では、アミロイドβと呼ばれる異常なたんぱく質がたまっていて、これによって神経細胞が壊れ認知機能の低下が起こっている可能性が高いと解明されてきました。レカネマブは、そのアミロイドβに、人工的に作った抗体を結合させて取り除くための薬です。エーザイの発表によれば、最終段階の治験の結果で、この薬を投与された患者は、偽の薬（プラセボ）を投与された患者と比べて、1年半後の認知機能の低下がおよそ27％抑えられ、症状の進行そのものを緩やかにする効果が確認されたというのです。結果、レカネマブは米国で深刻な病気の患者に対し、より早く治療を提供する「迅速承認」という仕組みで、年間薬剤費は2万6500ドル（＄＝149円で約400万円）で承認されました。

　また特徴的なのは、レカネマブの適応です。レカネマブの適応は、「脳内にアミロイド病理が確認されたアルツハイマー型認知症による軽度認知障害および軽度認知症」とされています。レカネマブは、根本的な原因であるアミロイドβを除去し認知機能を維持するわけですが、一方で進行した認知症でダメージを受けた後の脳を正常に戻す力はありません。そして使用する場合は、軽度認知症の確定診断が必要になるため、今後は介護認定の原因に、認知症が増えることも予想されますが、実際どのくらいの疾病規模なのでしょうか。

　レカネマブの治療対象となるアルツハイマー型認知症は、認知症全体の6～7割を占める原因疾患で、他にも脳血管性認知症、レビー小体型認知症等があります。ところが一般の人はこれらの個別の疾患に対する理解が乏しく、「レカネマブ＝認知症を治す」という誤認する人も少なくないでしょう。そのため医療現場では、レカネマブが健康保険適用されたことにより、アルツハイマー型認知症かどうかにかかわらず、「私も」「うちの家族も」という誤った期待に、振り回されることになるのではと懸念も広がっています。さらに、レカネマブは前述の通り、軽度のアルツハイマー型認知症と軽度認知障害（以下、MCI）を総称した早期ア

ルツハイマー型認知症のみが適応対象です。ここで検査の結果、中等度以上の患者・家族は、「治療適用外」という診断で落胆するケースも想定されます。そして早期アルツハイマー型認知症が認められ、治療適用まで通過した患者・家族は、検査できる医療機関が思ったよりも現状は少ない問題に直面する可能性もあります。今回のレカネマブの承認了承に合わせ、原因物質であるアミロイドβを可視化する陽電子放出断層撮影（PET）用の放射性診断薬も了承され、検査面で準備が進められています。しかし、現状では地域によっては身近な医療機関では検査が受けられない心配もあります。また読影できる医療従事者を備えた医療機関も限られるため、保険適用になっても体制が整うまでは手放しで喜べない問題もあります。

　そして最後に、投与を始めたものの効果を“実感”できない患者・家族から不満が出る可能性もあります。レカネマブの治験で示された有効性とは、プラセボ（偽薬使用者）に比べ、進行が27％抑制されていたというものの、一般の人からすれば、効果を患者・家族をはじめ、医療従事者ですら見た目で実感できるものではない可能性もあります。薬は病気を治すものと考えていることが一般的な中で、レカネマブによる効果は軽度認知症状態を維持するものであり、期待値とリアルな効能を齟齬なく理解するには時間がかかることも予想されます。

　最後に気になるのは、レカネマブの適応対象となるMCIは本人や周囲も気付かないことが多いことです。結果、家族や本人から「もうちょっと前に軽度認知症が始まっていることがわかっていれば使えたのに」ということも多々あるでしょう。新薬への期待値と実現できる効果が齟齬なく広まっていくには、もう少し時間がかかりそうです。

認知症の時も機能できるファイナンシャルプランは

　クライアントが認知症の診断を受け、資産管理に与える大きな影響に金融機関の口座凍結があります。口座凍結が起きれば、介護や医療にかかる費用ばかりか生活費まで出金できなくなり、家族に負担が及ぶケースが少なくありません。口座凍結に備えるには、家族信託や任意後見制度の利用などが考えられますが、生命保険含めどのように役に立てるのでしょうか。

　金融機関には個別に認知症対策商品を提供しているところもありますが、以下一般論としてご紹介します。口座凍結の目的は言うまでもなく、認知症などによって判断能力が低下・喪失し、口座名義人が詐欺や横領などの犯罪に巻き込まれ、財産を失うことから守るためです。もし、認知症発症前に何も対策をせずに

口座凍結されてしまった場合、成年後見制度を利用することになります。既に認知症が進み、判断能力が低下してしまっている場合に、金融機関がその事実を知ると口座取引が大幅に制限されます。成年後見制度は、認知症になっても成年後見人が財産管理や生活に必要な契約を代理で行い、支援することができる制度です。認知症対策として広く知られており、手続きをして成年後見人に選ばれれば、すぐに預貯金の入出金や振込作業を行うことができます。しかし、この制度は本人の財産を守ることが主目的の制度ですので、家族が自由に財産を管理・運用・処分することができないため不便に感じ、実態は口座凍結を解消するために仕方なく成年後見制度を利用するケースが多い傾向があります。成年後見制度を利用する場合、親族を成年後見人にしたいところですが、親族を候補者として推薦したとしても、家族が成年後見人に選任されるとは限りません。裁判所の統計資料によれば、約8割の割合で親族以外の専門家が就任しています。これは成年後見人の仕事が、本人の財産保護を目的としているため、中立的な専門家が就いたほうが適切に管理されるという家庭裁判所の指針による影響もあり、金融資産や不動産を多く持っている方や、家族での意見の対立がある方の成年後見の場合は、親族が成年後見人に就けないケースも多くあり、作り上げた資産の使い方に、本人の意思を反映させることが難しい側面もあります。

　一方、生命保険はどうでしょうか。生命保険も契約時に、本人の判断能力が必要ですが、指定代理請求人という制度があり、被保険者が所定の状態に陥った場合、保険金請求できる人をあらかじめ指定することも可能です。加入時に、健康状態を問われることがデメリットとして考えられますが、手頃な資金から介護資金を準備できる生命保険は、認知症になった場合の資産をあらかじめ準備できる身近な方法の一つかもしれません。

　FPとしての役割は、レカネマブの効能に期待する一般の人々に、その知識や情報を正確に伝えることで期待値とのギャップを埋め、そして認知症時も機能できるファイナンシャルプランを提供することにあるのかもしれません。

～新NISAの導入で問われるアクティブファンドの実力～

2024年から新NISAが始まり、コストの低い米国株式・全世界株式のインデックスファンドの積立設定が上位を占めている報道がされています。

2023年までのNISAでも国内の株式ファンドよりも、米国株式、海外株式のインデックスファンドの人気が高かったため、大きな流れは変わっていないようです。そのような潮流だからこそ、コストが高くても、ベンチマークを上回る運用成果を目指すアクティブファンドや、新NISAで購入できない投資信託はその実力を問われます。購入時手数料や信託報酬（運用管理費用）が高くても、安定的にベンチマークを上回る運用成果が期待できるのであれば、投資価値があると考えられます。

アクティブファンドの資金流入額から見て、人気が高い投資信託の特徴には大きく分けて3つの特徴が見られます。

1つめは多頻度分配型。新NISAではつみたて投資枠だけでなく、成長投資枠でも毎月分配型は対象外となりましたが、偶数月に支給される年金収入を補うニーズは相変わらず高く、従来の毎月分配型や隔月分配型の投資信託には一定の取り崩しニーズがあることには変わりがないようです。

2つめはインド。インドは人口世界一となり、GDPでも2026年には日本を追い抜くと予想され、中国、ロシア、アメリカなどの大国との関係においても存在感が高まっていることも人気の背景にあるようです。

3つめが中長期にわたりハイパフォーマンスをあげている株式投資信託。

リーマンショック、コロナショック、ウクライナ情勢などの株価下落時に値下がりが小さく、追い風が吹いたときに大きく上昇するパフォーマンスを上げている投資信託は、運用成果が評価されて資金流入が増えているようです。

資産運用のリスク管理は、中長期・積立・分散＋ローコストが基本です。

新NISAで、ローコストのインデックスファンドが大きく注目を集める流れが大きいからこそ、購入時手数料や信託報酬が高くても、資金流入が続き、ハイパフォーマンスをあげているアクティブファンドを分析して、その共通点を見つけて、上乗せ投資や個別株投資につなげることができれば、より高いパフォーマンスを上げることができるかもしれません。

"相続法（民法の相続分野）"
改正のポイント

　　2018年7月6日、民法及び家事事件手続法の一部を改正する法律が成立し、民法のうち相続法の分野について重大な改正がなされました。また、2022年4月1日からは成年年齢が引き下げられ、さらに、相続登記の義務化という一般の方にも大きな影響を及ぼす所有者不明土地に関連する改正法が2024年4月1日に施行されるなど、近年、重要な法改正が続いています。

　　本章では、以上の相続法改正や成年年齢の引き下げに関する内容について解説を加えるとともに、所有者不明土地に関連する改正法や、家族法分野に関連する近時の重要な判例について解説します。

1 配偶者の権利・成年年齢

改正 1 配偶者居住権・配偶者短期居住権

2020年4月1日施行

● 相続開始時に被相続人が所有していた建物に居住している被相続人の配偶者は、一定の要件を満たす場合、その建物を終身または一定期間無償で使用・収益する権利を取得します（配偶者居住権）。
● 相続開始時に被相続人が所有していた建物に無償で居住していた被相続人の配偶者は、一定の期間（所定の日から6カ月間）その建物を無償で使用する権利を有します（配偶者短期居住権）。

解 説

1. 配偶者居住権（1028〜1036条）

　配偶者の一方が死亡した場合、残された配偶者は、それまで居住してきた建物に引き続き居住することを希望するのが通常であり、特にその配偶者が高齢である場合には、住み慣れた居住建物を離れて新たな生活を始めることは精神的にも肉体的にも大きな負担になると考えられます。また、相続開始の時点で、配偶者が高齢のため自ら生活の糧を得ることが困難である場合も多くなってきていることから、配偶者については、その居住権を保護しつつ、将来の生活のために一定の財産を確保させる必要性が高まっていると考えられます。

　以上の問題意識を受け、改正法では、相続開始時に居住していた被相続人所有の建物（居住建物）について、終身または一定期間、無償での使用、収益を配偶者に認める権利である「配偶者居住権」が新設されています。

　配偶者居住権が発生するための要件は、次のとおりです（1028条、1029条）。

- ・配偶者が、相続開始時に被相続人所有の建物に居住していること
- ・遺産分割によって配偶者居住権を取得するものとされること、または配偶者居住権が遺贈の目的とされること（なお、一定の要件のもと、家庭裁判所が審判により配偶者居住権を取得する旨を定める場合があります）

　配偶者は、配偶者居住権の消滅に至るまでの間、居住建物を使用、収益することができます（ただし、居住建物の所有者の承諾を得なければ、第三者に居住建物の使用や収益をさせることはできません（1032条3項））。

　配偶者居住権は、遺産分割等により配偶者居住権の期間が定められたときはその終期に、期間の定めがない場合は配偶者の死亡により消滅します（1030条）。

　配偶者居住権は、これを登記したときは、居住建物について物権を取得した者、その他の第三者に対抗することができます（1031条2項による605条の準用）。したがって、居住建物の譲渡を受けた者はもちろん、建物について抵当権の設定を受けた抵当権者や建物の差押権者に対しても、登記が優先する限り配偶者居住権を主張できます。しかし、登記が後れる場合には、第三者に対して配偶者居住権を主張することはできません。後者の場合に、抵当権者に対抗することができない賃借権者に適用される建物の明渡猶予制度（395条）が類推適用されるか否かについて、現時点で実例はないものの、否定的な見解であるのが実務のようです。居住建物の所有者は、配偶者に対し、登記を備えさせる義務を負います（1031条1項）。

　配偶者が配偶者居住権を取得した場合、その財産的価値に相当する金額を相続したものとして取り扱われます。

２．配偶者短期居住権（1037～1041条）

　改正法では、以上の配偶者居住権に加え、相続開始時に無償で居住していた被相続人所有の建物（居住建物）について、一定期間無償での使用を配偶者に認める権利である「配偶者短期居住権」が新設されています。

　配偶者短期居住権は、配偶者が、相続開始時に被相続人所有の建物に無償で居住している場合に、遺産分割を経る等することなく当然に一定の期間（後述のとおり、少なくとも6カ月間）居住建物を使用することが認められる権利です。なお、配偶者短期居住権は、配偶者居住権と異なり、第三者対抗力はありません（使用貸借と類似した性格を有するといえます）。

配偶者短期居住権は、①居住建物について配偶者を含む共同相続人間で遺産分割をすべき場合には、遺産分割により建物の帰属が確定した日または相続開始の時から6カ月を経過する日のいずれか遅い日、②前述の①以外の場合には、居住建物の取得者による配偶者短期居住権の消滅の申入れの日から6カ月を経過する日に消滅します（したがって、配偶者は、配偶者短期居住権により少なくとも6カ月間は居住建物を使用することができます）。なお、配偶者が配偶者短期居住権の存続期間満了前に配偶者居住権を取得した場合には、以上の期間が満了する前であっても配偶者短期居住権は消滅します。

　配偶者短期居住権は、配偶者居住権と異なり、相続財産には含まれません。

【表　改正前と改正法の相違イメージ】

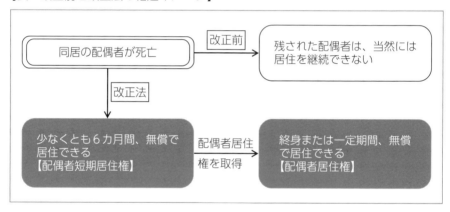

改正 ② 成年年齢の引下げ

2022年4月1日施行

● これまで20歳とされていた成年年齢が18歳に引き下げられました。
● 民法の規定の多くに影響が及びます。
● 女性の婚姻開始年齢は18歳に引き上げられましたが、遺言能力を備える年齢や養親となる者の年齢には変更がありません。

解　説

1．成年年齢の引下げ

　これまで、20歳とされていた成年年齢が18歳に引き下げられました（改正法4条）。憲法改正国民投票の投票権年齢や、公職選挙法の選挙権年齢などが18歳と定められたこと、世界的にも成年年齢を18歳とするのが主流であること等による改正ですが、民法上、未成年者は制限行為能力者であり、法定代理人の同意を得ない法律行為については取り消すことができる（5条）などの保護を受けており、これが引き下げられたことによって多くの規定に影響が及ぶことになります。

　具体的には、未成年者の営業の許可を定める6条、取消行為の追認ができる時期を定める124条、未成年者が成年に達した時から6カ月が経過するまでの間に時効が完成しないことを定める158条、保証人となることができる要件を定める450条などが影響を受けます。

2．女性の婚姻開始年齢の変更

　改正前は16歳とされていた女性の婚姻開始年齢が18歳に変更されました（男性は18歳から変更なし）。これは、前記と異なり引き「上げ」ですが、社会・経済の複雑化が進展した今日では、婚姻開始年齢についても社会的、経済的な成熟度が重視されるべきであり、当該観点からは男女間に特段の違いはないと考えられることから当該改正が行われるに至っています。

　他方、遺言能力を備える年齢（15歳。961条）、養親となる者の年齢（20歳。792条）等、変更のない規定も複数あります。これらは、各規定の趣旨に鑑み変

119

更を要しないとされた（たとえば前者であれば、本人の意思の尊重が重視された）ものです。さらに、酒やたばこに関する年齢制限は20歳のままですし、また、競馬、競輪等の公営競技の年齢制限についても20歳のまま維持されます。これらは、健康被害への懸念や、ギャンブル依存症対策などの観点からによるものとされています。

3．改正による懸念事項

前記のとおり、改正前は20歳に達するまでにした法律行為は取り消すことができましたが、成年年齢が18歳に引き下げられた結果、18歳、19歳の人（たとえば、一人暮らしの大学生）は取消権を行使することができなくなるため、悪徳商法などによる消費者被害の拡大が懸念されています。これに対し、現時点で具体的な立法の手当は行われていませんが、政府において消費者教育の充実や相談窓口の周知、充実を進める必要があることなどが指摘されています。

4．施行時期

成年年齢の引下げは、2022年4月1日に施行されました。この施行の時（4月1日の午前0時）に18歳以上20歳未満の人（2002年4月2日生まれから2004年4月1日生まれまで）は、その日に成年に達することになり、2004年4月2日生まれ以降の人は18歳の誕生日に成年に達することになります。

【表　成年年齢の引下げの具体的な影響】

18歳（成年）になったらできること	20歳にならないとできないこと（これまでと変わらないこと）
◆親の同意がなくても契約できる ・携帯電話の契約 ・ローンを組む ・クレジットカードをつくる ・一人暮らしの部屋を借りる　など ◆10年有効のパスポートを取得する ◆公認会計士や司法書士、医師免許、薬剤師免許などの国家資格を取る ◆結婚 　女性の結婚可能年齢が16歳から18歳に引き上げられ、男女とも18歳に ◆性同一性障害の人が性別の取扱いの変更審判を受けられる ◆普通自動車免許の取得は従来と同様、「18歳以上」で取得可能	◆飲酒をする ◆喫煙をする ◆競馬、競輪、オートレース、競艇の投票券（馬券など）を買う ◆養子を迎える ◆大型・中型自動車運転免許の取得

出典：政府広報オンライン（2022（令和4）年1月7日）

2 遺産分割

改正 ① 遺産分割前の預貯金の払戻し制度の緩和等

2019年7月1日施行

- 遺産分割前でも預貯金の払戻しを受けられるよう、家事事件手続法上の仮分割の仮処分の要件が緩和されました。
- 家庭裁判所の判断を経ないで一定額について預貯金の払戻しを認める民法の規定が新設されました。

解 説

1．家事事件手続法の要件緩和（同法200条3項の新設）

　最高裁決定（以下、「最決」）2016年12月19日（民集70巻8号2121頁）は、預貯金債権が相続された場合、その他の可分債権と同様、当該預貯金債権は相続開始と同時に共同相続人間で当然に分割されるとの、それまでの判例を変更し、預貯金債権は当然分割されず、その結果、遺産分割の対象に含まれることを判示しました。この最決により、被相続人の債務の弁済、相続人の生活費の支出等の必要がある場合であっても、共同相続人全員の同意がなければ預貯金の払戻しを受けられないのが原則となり、これは不都合ではないかとの指摘がなされていました。

　以上への対処として、改正前でも家事事件手続法200条2項の仮分割の仮処分の活用がありましたが、同項は共同相続人の「急迫の危険を防止するため必要があるとき」という要件であることから、その活用には限界がありました。

　以上を受け、今般の相続法改正にあわせ、家事事件手続法200条3項が新設され、預貯金の払戻しの場面に限り、仮分割の仮処分の要件が緩和されています。

　同法200条3項の要件は、次のとおりです。

・遺産分割の調停または審判が係属していること（遺産分割の調停等が申し
立てられていない場合に仮分割の仮処分を申し立てることはできません。
また、仮分割の仮処分の申立権者は当該係属事件の当事者に限られます）
・相続債務の弁済、相続人の生活費の支弁その他預貯金の払戻しを受ける必
要があると認められること
・他の共同相続人の利益を害しないこと

2．家庭裁判所の判断を経ない預貯金の払戻し（909条の2）

　相続法改正では、上記1．の家庭裁判所に仮分割の仮処分の申立てをする方法
に加え、相続人が簡便に預貯金の払戻しを受ける方法、すなわち家庭裁判所の判
断を経ないで預貯金の払戻しを認める規定（909条の2）が設けられています。

　具体的には、各共同相続人は、以上の規定により、遺産に属する預貯金債権の
うち、相続開始時点の残高の3分の1に法定相続分を乗じた額の払戻しを受ける
ことができるようになりました。ただし、以上の払戻しは、法務省令で定められ
た上限額（150万円）を超えることはできません。なお、以上の上限額は金融機
関ごとのものであり、複数の金融機関に被相続人の口座がある場合は、その分だ
け上限額が増えることになります。

　この規定により預貯金の払戻しを受けた場合、当該払戻しを受けた共同相続人
が、遺産の一部の分割によりこれを取得したものとみなされます。

　なお、この払戻しを受けた額が、当該相続人の具体的な相続分を超えた額であっ
た場合には、その後に清算の必要が生じると考えられます。

【表　家庭裁判所の判断を経ない預貯金の払戻しの具体例】

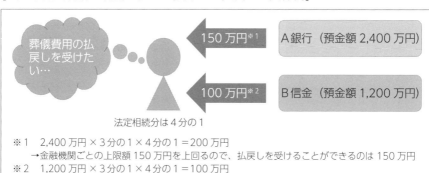

葬儀費用の払
戻しを受けた
い…

150万円※1　　A銀行（預金額2,400万円）

100万円※2　　B信金（預金額1,200万円）

法定相続分は4分の1

※1　2,400万円×3分の1×4分の1＝200万円
　　→金融機関ごとの上限額150万円を上回るので、払戻しを受けることができるのは150万円
※2　1,200万円×3分の1×4分の1＝100万円
　　→金融機関ごとの上限額150万円を下回り、100万円全部の払戻しを受けることが可能

改正② 持戻し免除の意思表示の推定・特別の寄与の新設

2019年7月1日施行

● 婚姻期間が20年以上の夫婦の一方が、他方に対しその居住用建物または
その敷地の遺贈または贈与をしたときは、その遺贈または贈与について
持戻し免除の意思表示をしたと推定される規定が新たに設けられました。
● 無償で、被相続人の財産の維持や増加に特別の寄与をした相続人でない
親族が、相続人に対し寄与に応じた額の金銭の支払を請求することがで
きる制度が新設されています。

解　説

1．持戻し免除の意思表示の推定（903条4項）

　民法は、共同相続人中に被相続人からの遺贈または婚姻や生計の資本等として
の贈与（特別の受益）を受けた相続人がある場合に、その贈与の額を相続財産に
回復させ、また、遺贈または贈与を受けた相続人についてはその額を差し引くこ
とによって、共同相続人間の公平を図る制度を設けています（903条1項）。

　以上の贈与の額を相続財産に回復させることを特別受益の持戻しと呼びますが、
被相続人は、この持戻しを免除する意思表示を行うことができ、この場合、特別
受益を得た共同相続人がある場合でも相続財産への持戻しは行われません（同条
3項）。

　持戻し免除の意思表示は、贈与契約書や遺言書に記載する方法により行うのが
一般的です。今般新設された903条4項により、婚姻期間が20年以上の夫婦の
一方が他方に対してその居住用建物またはその敷地の遺贈または贈与をしたとき
は、持戻し免除の意思表示をしたと推定されることになりました。「推定」です
ので、被相続人は別の意思表示（持戻し免除をしないこと）をすることも可能です。

　当該規定が新設されたのは、婚姻期間が長い夫婦間で贈与が行われる場合の当
事者の意思（通常、配偶者を不利に扱う意思はないこと）や、贈与税の配偶者控
除（婚姻期間が20年以上の夫婦の間で居住用不動産または居住用不動産を取得す

123

るための金銭の贈与が行われる場合、贈与税の基礎控除額とは別で最高2,000万円が非課税）と同様の長期間（20年間）婚姻期間が継続した夫婦間の居住用不動産の贈与について、民法上も一定の措置を講じることが望ましいと考えられたことによります。

２．特別の寄与（1050条）

　共同相続人のなかに、一定の方法により被相続人の財産の維持や増加について特別の寄与をした者がいるときは、相続開始時点の財産から、共同相続人の協議または家庭裁判所が定める寄与分を控除したものを相続財産とみなし、具体的な相続分が決定されます（寄与分の制度）。

　寄与分の制度については、上記のとおり特別の寄与をした者は共同相続人であるのが原則で、たとえば、妻が夫の親の介護に従事した場合等に寄与分が認められることは容易でないとの問題がありました。

　以上のような不都合を回避するため、相続人でない親族であっても、無償で、被相続人の財産の維持または増加について特別の寄与をした者（特別寄与者）にあたる場合は、特別寄与者は、相続人に対し特別寄与者の寄与に応じた額の金銭（特別寄与料）の支払を請求することができる制度が新設されています。ただし、被相続人の親族（六親等内の血族、配偶者および三親等内の姻族）であることが必要なため、たとえば、内縁の妻などはこの制度の対象ではありません。

　特別寄与者は相続人でないことから、寄与分の制度と異なり、金銭（特別寄与料）の支払による解決を目指す制度とされています（つまり、特別寄与者は遺産分割の当事者になりません）。なお、特別寄与料の額は、相続財産の価額から遺贈の価額を控除した残額を超えることができません（1050条４項）。

　したがって、被相続人が遺言により特別寄与料が発生する余地がないようにする（遺産の全部を遺贈の対象とする）ことは可能ですが、他方、被相続人が遺言に反対の意思を表示したとき（特別の寄与を認めない旨の意思表示など）であっても、特別寄与者による特別寄与料の請求は妨げられないと解されています。

　特別寄与者は、特別寄与料の支払について当事者間で協議が調わないときなどの際は、家庭裁判所に協議に代わる処分を請求することができます（1050条２項、３項）。ただし、この請求は特別寄与者が相続の開始および相続人を知った時から６カ月以内または相続開始の時から１年以内に行われる必要があります（1050条２項）。家庭裁判所での手続については、新たに家事事件手続法の規定が設けられています（同法216条の２以下）。

特別寄与料の支払が認められる場合で、相続人が複数である場合は、各共同相続人は、特別寄与料の額に法定相続分を乗じた額を負担することになります（1050条5項）。

【表　特別受益にあたる贈与があった場合のイメージ】【寄与分のイメージ】

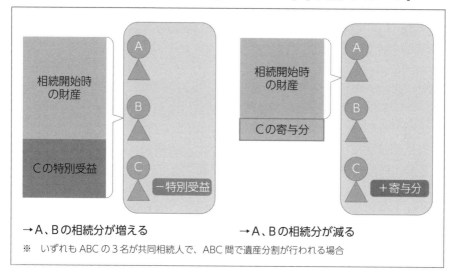

→A、Bの相続分が増える　　　→A、Bの相続分が減る

※　いずれもABCの3名が共同相続人で、ABC間で遺産分割が行われる場合

3 遺言・遺留分

改正 ① 自筆証書遺言の方式緩和・法務局における遺言書の保管

> 自筆証書遺言の方式緩和について　　　：2019年 1 月13日施行
> 法務局における遺言書の保管について：2020年 7 月10日施行

- 改正前は全文自書によることが必要だった自筆証書遺言について、財産目録に限り自書でない方法が認められています。
- 「法務局における遺言書の保管等に関する法律」により、法務局に自筆証書遺言を保管してもらう制度が創設され、2020年 7 月10日から全国312カ所の遺言書保管所（法務局、地方法務局の本局・支局等）で実施されています。

解　説

1．自筆証書遺言の方式緩和（968条 2 項）

　自筆証書遺言とは、遺言者が遺言書の全文、日付と氏名をすべて自分で書き（自書）、押印して作成する方式の遺言をいいます。パソコンで作成した遺言書や、コピーされた遺言書はいずれも自書の要件を欠き、無効になるのが改正前の規律です。

　2019年 1 月13日施行の改正法により、自筆証書遺言の自書の要件が一部緩和されました。具体的には、自筆証書に一体のものとして添付される、相続財産の全部または一部の目録（財産目録）について自書を要しないことになり、その結果、財産目録については、パソコンによる作成、コピーされた書面の使用はもちろん、第三者の代筆、さらには不動産の登記事項証明書や預金通帳等の写しを添付し、それを目録とする方法をとることが可能となっています。

　自書によらない財産目録には、各ページに署名・押印する必要があります。特に、記載が目録の両面（表裏）に及ぶ場合はその両面への署名・押印が必要です。

自書によらない財産目録の加除その他の変更は、全文自書の場合の自筆証書遺言の加除その他の変更の方法と同様です（968条3項）。ただし、以上のとおり、財産目録についてはそもそも自書による必要がないことから、財産目録自体の加除その他の変更も自書によることを要さないと解されています。なお、本事項の最後にある「図例」は、パソコンで印字された「九段南」を削除したうえで、新たに「霞が関」を印字し追加する方法で修正を行ったものです。

２．法務局における遺言書の保管

　相続法改正に伴い、「法務局における遺言書の保管等に関する法律」(以下、「法」）が成立し、同法により法務局に自筆証書遺言を保管してもらう制度が創設されています。また、同制度の実施に伴い、同法を受けた政省令も施行され、そこでは、遺言書の保管制度の運用に関するルールが定められています。

　法務局における保管の対象になるのは民法968条による自筆証書遺言で、かつ、省令で定める様式に従って作成した無封のものに限られます（法１条、４条２項）。遺言者は、遺言者の住所地や本籍地、あるいは所有不動産の所在地を管轄する法務局に自ら出頭し、遺言書の保管の申請を行う必要があります（同条３項、６項）。保管の申請、請求等については、日時の予約が必要です。予約は、電話、窓口において行うことができるのはもちろん、インターネットから法務局手続案内予約サービスにアクセスして行うことが可能です。

　保管の申請がされた際には、遺言書保管官（法務局の職員）は申請に係る遺言書が民法上の要件に適合しているかの外形的な確認（全文、日付および氏名の自書、押印（法968条）、遺言書の作成時に遺言者の年齢が15歳に達しているか（法961条）等）や、省令で定める様式に従って作成した無封のものであるか確認を行います。民法上の要件に適合しない場合や無封のものでないとき等には、遺言書保管官は保管の申請を却下しなければなりません（政令２条２号）。

　遺言書は、原本が法務局の施設内で保管されるのに加え、当該遺言書の画像情報を含む情報（データ）が「遺言書保管ファイル」に記録され、法務局で管理されます（法６条、７条）。

　遺言者は、いつでも、遺言書の原本の閲覧の請求をすることができ（法６条）、また、遺言書の原本の返還とともに上記の法務局で管理されるデータの消去を求めることができます（法８条）。遺言者の相続人や遺言執行者等の一定の者（関係相続人等）は、遺言者が死亡した後に限り、遺言書の原本の閲覧の請求や、遺言書保管ファイルに記録されている事項を証明した書面である「遺言書情報証明

書」の交付を求めることができます（法９条）。関係相続人等は、遺言書の原本の交付の請求をすることはできないものの、この遺言書情報証明書により、相続登記申請等が行われることが想定されています。遺言書が保管されているか否かが不明である場合は、関係遺言書の保管の有無等を証明する書面である「遺言書保管事実証明書」の交付の請求を行うことも可能です（法10条）。

　最後に、法務局で保管されている遺言書については、家庭裁判所による遺言書の検認は不要となります（法11条）。

【表　自筆証書遺言の財産目録の加除・訂正の図例】

```
別紙一
                        目　　録

一　所　　在　　東京都千代田区霞が関一丁目
　　地　　番　　○番○号
　　地　　目　　宅地
　　地　　積　　○平方メートル

                        霞が関㊞

二　所　　在　　東京都千代田区九段南一丁目○番○号
　　家屋番号　　○番○
　　種　　類　　居宅
　　構　　造　　木造瓦葺２階建て
　　床 面 積　　１階　○平方メートル
　　　　　　　　２階　○平方メートル


        法　務　五　郎　　㊞

    上記二中，三字削除三字追加
        法　務　五　郎
```

● 遺留分減殺請求について、物権的効果の制度は廃止され、遺留分権利者がその権利を行使すると、金銭債権を取得することになりました。権利の名称も、「遺留分減殺請求権」から「遺留分侵害額請求権」に変わっています。

● 遺留分侵害額請求権の行使を受けた受遺者等は、裁判所に請求することにより、負担することとなる債務の全部または一部の支払について、相当の期限の許与を受けることができる場合があります。

解　説

　遺贈や贈与（以下、「遺贈等」）によっても侵害することのできない一定の法定相続人に認められた権利を遺留分といいます。直系尊属のみが相続人である場合は3分の1、それ以外の相続人の場合には2分の1が遺留分割合となり、これに個々の相続人の法定相続分を乗じたものが各相続人の遺留分となります。

　改正前は、遺贈等によって遺留分を侵害された者は、遺留分減殺請求権を行使できることとされ（改正前1031条）、これが行使されると、その対象とされた遺贈等は遺留分を侵害する限度で失効し、その限度で対象財産についての権利（所有権）が遺留分権利者に帰属すると考えられていました。これを、遺留分減殺請求の物権的効果といいます。

　そして、遺留分減殺請求権を行使された受遺者または受贈者（以下、「受遺者等」）は、対象財産の現物を返還するか、現物の返還に代えて価額弁償をするかの選択をすることができ（改正前1041条1項）、受遺者等が価額弁償を選択しない限り、遺留分権利者が価額弁償を選択することはできないこととされていました。

　しかし、物権的効果により権利自体が遺留分権利者に帰属することとなると、通常は遺留分権利者と受遺者等は共有関係になり、その間の権利関係は民法の共有の規定に従って規律されることから、種々の問題点が指摘されていました。

遺産分割手続は、家庭裁判所の調停または審判で行われますが、遺留分減殺請求権の行使により共有となった場合の共有関係の解消は地方裁判所において訴訟手続で行う必要があります。また、遺贈等の対象とされた財産について共有関係となることにより、その処分が困難となり、円滑な事業承継に支障を来すなどの指摘がされていました。

　遺留分制度の意義は、最低限の相続分の確保や遺留分権利者の生活保障であって、必ずしも現物返還を認める必要性はなく、価額弁償でも足りるのではないかとの指摘もされていました。

　そこで、改正法は、遺留分減殺請求権の行使によって物権的効果が生じるという規律を改め、遺留分権利者には、遺留分侵害額に相当する金銭請求のみを認めることとされ、権利の名称も「遺留分侵害額請求権」に変わりました（1046条1項）。改正に向けた議論では、現物返還の例外を残すことも検討されましたが、最終的には、現物返還の例外は一切認められないこととなりました。

　なお、遺留分侵害額請求の対象となる遺贈には、特定財産承継遺言（いわゆる相続させる遺言）が含まれることも明文化されました（1046条1項、1047条1項）。

　他方で、遺留分侵害額請求権を行使された受遺者等がすぐに資金を準備できない場合のために、裁判所は、受遺者等の請求により、債務の全部または一部の支払について、相当の期限を許与することができることとされました（1047条5項）。

　遺贈等が複数ある場合の、受遺者等の負担内容についても改めて明記されましたが（1047条1項）、この点に実質的な変更はありません。

　すなわち、受遺者と受贈者とがあるときは受遺者が先に負担し、受遺者が複数あるとき、または受贈者が複数ありその贈与が同時にされたものであるときは目的物の価額の割合に応じて負担し、贈与の時期の異なる受贈者が複数あるときは、後の贈与に係る受贈者から負担することとされています。

　遺留分侵害額請求権の行使に関する期間制限についても変更はなく、相続および遺留分を侵害する遺贈等があったことを知った時から1年、または、相続開始から10年で時効消滅することとされています（1048条）。

【表 法改正前後の遺留分の効力の内容】

	効力	権利の名称	期限の許与	受遺者等の負担内容	消滅時効
改正前	原則 現物返還 例外 価額弁償	遺留分減殺請求権	なし	・遺贈と贈与とでは遺贈が先に負担 ・複数の遺贈または複数の同時の贈与は目的物の価額の割合に応じて負担 ・時期の異なる複数の贈与では後の贈与から負担	相続開始および遺留分侵害を知った時から1年または相続開始から10年
改正後	金銭請求のみ（例外なし）	遺留分侵害額請求権	相当期限の許与あり	同上 （変更なし）	同上 （変更なし）

2019年7月1日施行

● 遺留分算定基礎財産に加える贈与に関し、相続人に対する贈与は、相続開始前10年間になされたもので特別受益に該当するものとされました。

● 負担付贈与に係る贈与財産の価額については、負担の価額を控除して算定されることとなりました。また、不相当な対価による有償行為は、当事者双方が遺留分権利者に損害を加えることを知って行ったものに限り、当該対価を負担とする負担付贈与とみなすこととされました。

● 遺留分侵害額の算定に関し、遺留分算定基礎財産に遺留分割合を乗じたうえで、当該遺留分権利者の特別受益の額および相続により取得すべき財産の額を控除し、当該遺留分権利者が負担する債務額を加算して算定することが明確にされました。

解　説

　改正法では、遺留分を算定するための財産の価額は、被相続人が相続開始時に有した財産の価額にその贈与した財産の価額を加えた額から債務の全額を控除した額とする旨が規定されました（1043条1項）。改正前も同様の規定があり、若干の文言の変更はありますが、この点について実質的な変更はありません。また、遺留分割合（直系尊属のみが相続人である場合は3分の1、それ以外の相続人の場合には2分の1）の規定についても変更はなく（1042条1項）、遺留分権利者が複数いる場合、法定相続分を乗じて具体的な遺留分割合を算定することについても改正前の解釈が明文化されました（同条2項）。

　遺留分を算定するための財産に加えられる贈与について、改正前は、相続開始前1年間に行われた贈与がこれに加えられ、例外的に当事者双方が遺留分権利者に損害を加えることを知ってなされた贈与は1年より前にされたものも含まれるとされており、この点は改正による変更はありません（1044条1項）。

　他方、改正前は、判例により、相続人に対する贈与で特別受益に該当するものは、

1年より前にされた贈与であっても遺留分を算定するための財産に含まれ、遺留分減殺請求の対象となると解されていました。

改正法は、かかる点を踏まえつつも、あまりにも古い贈与まで考慮することは法的安定性を害すること、他方で少額な贈与まで含めることは、いたずらに争点を増やすことになると考えられること等から、相続人に対する贈与については、相続開始前の10年間に行われたもので、婚姻もしくは養子縁組のため、または生計の資本として受けたもの（特別受益に該当するもの）に限って遺留分の算定に含まれることとなりました（1044条3項）。

負担付贈与に関して、改正前は、負担の価額を控除した分について遺留分減殺請求の対象となることについての明文規定はあったものの、遺留分算定の基礎となる財産に含める際の算定方法については規定がなく、解釈に争いがありました。

そこで、改正法では、贈与の目的の価額から負担の価額を控除した額が遺留分算定の基礎となる財産に含まれることが明文化されました（1045条1項）。

さらに、不相当な対価をもってした有償行為について、改正前は、当事者双方が遺留分権利者に損害を加えることを知ってしたものに限り贈与とみなし、ただし、遺留分権利者はその減殺を請求するときは対価を償還しなければならないとされていましたが、この規律を改め、改正法は、当事者双方が遺留分権利者に損害を加えることを知ってしたものに限り負担付贈与とみなすこととしました（1045条2項）。

個々の遺留分権利者の遺留分侵害額の計算について、改正前は明文の規定がありませんでした。しかし、これまでの判例を踏まえ、遺留分の算定の基礎となる財産に遺留分割合を乗じた額から、①遺留分権利者が受けた遺贈または特別受益の価額（この特別受益に期間制限はありません）、および②遺留分権利者が相続により取得すべき遺産の価額を控除したうえ、③被相続人が相続開始時に有していた債務のうち、遺留分権利者が承継する債務の額を加算して算定することが明文化されました（1046条2項）。

なお、上記の遺留分権利者が相続により取得すべき遺産の価額については、900条から902条まで、903条および904条の規定により算出した相続分であるとされており、遺言による相続分の指定や特別受益を考慮した具体的相続分であるため、寄与分は考慮しないものということになります。

また、受遺者等は、遺留分権利者が承継する債務を弁済等により消滅させた場合、その限度において、③で加算される債務を消滅させることができます。

【表1　遺留分額の計算式】

被相続人が相続開始の時において有していた財産の価額に、その贈与（相続人に対する贈与は相続開始前10年間にした特別受益、それ以外の者への贈与は相続開始前1年間にしたもの）した財産の価額を加えた額から債務の全額を控除した額	×	遺留分割合 直系尊属のみが法定相続人の場合：3分の1 それ以外：2分の1	×	法定相続割合

【表2　遺留分侵害額の計算式】

遺留分額	−	遺留分権利者が受けた遺贈または特別受益の価額	−	遺留分権利者が相続により取得すべき財産の価額	＋	遺留分権利者が承継する債務の額

4 関連法改正

改正 ① 不動産登記法の改正

改正不動産登記法63条 3 項について （遺贈の場合の登記手続の簡略化）	：2023年 4 月 1 日施行
改正不動産登記法76条の 2 および 3 について （相続登記の義務化、相続人申告登記）	：2024年 4 月 1 日施行
改正不動産登記法76条の 4 から 6 について （変更登記、不動産登記情報の更新）	：2026年 4 月 1 日施行

● 「所有者不明土地」発生予防という主な観点から、不動産登記法が改正されます。
● 改正により、相続登記が義務化されます。
● 住所等の変更登記の義務化など、その他関連するいくつかの規定も新設されます。

解　説

1．法改正の経緯

　いわゆる「所有者不明土地（不動産登記簿により所有者が直ちに判明せず、または判明しても連絡がつかない）」については、所有者の探索のために多大な時間と費用を要するため、その利活用が困難であるとか、あるいは土地が管理されずに放置されることによって土地の管理不全化や周辺環境の悪化が生じるなど、国民経済に著しい損失を生じさせるものと考えられます。

　2017（平成29）年度に、地方公共団体が実施した地籍調査事業（全国の土地のうち約63万筆が対象）における土地の所有者等に関する国土交通省の調査結果

によれば、不動産登記簿のみでは所有者の所在が判明しなかった土地の割合は約22.2％（筆数ベース）であり、その発生原因としては、相続登記が未了であることが全体の約3分の2を占め、また、所有権の登記名義人の住所の変更が登記に反映されていないことが全体の約3分の1を占めています。

今般の不動産登記法の改正は、以上を踏まえ、主に所有者不明土地の発生予防の観点から、複数の新たな規定を設けています。以下、改正法の規定からいくつか重要と思われるものをピックアップして説明します。

2．相続登記の義務化

所有権の登記名義人について相続の開始があったとき、その相続により不動産の所有権を取得した者は、相続開始および所有権を取得したことを知った日から3年以内に所有権移転登記の申請をしなければならない旨の規定が新設されました（改正不動産登記法76条の2第1項）。正当な理由なく、この申請を怠った者に対しては、10万円以下の過料の制裁があります（同法164条1項）。

前記のとおり、所有者不明土地が発生する最大の要因として、相続登記が未了であることがあります。本改正は、相続登記を促し、所有者不明土地の発生を予防する観点から設けられた規定といえます。

なお、改正不動産登記法76条の2は、同条の施行日より前に所有権の登記名義人について相続の開始があったときにも適用がある（施行日時点で相続開始等を知らない場合を除き3年以内の手続が必要）ことに注意が必要です（遡及適用。改正法附則5条6項）。

3．相続人申告登記

前記のとおり、改正法では相続登記が義務化されましたが、遺産分割前でもすることができる法定相続分に応じた登記（法定相続登記）のように比較的簡便な手続の場合であっても、被相続人の出生から死亡までの戸除籍謄本等の提出が必要とされるなど、その煩雑さが相続登記未了の一因であると考えられました。

そこで、改正法は、さらに簡便な制度として、相続人申告登記の制度を設けています（改正法76条の3）。これは、前記改正法76条の2第1項により相続登記の義務を負う者が、登記官に対し、所有権の登記名義人について相続が開始した旨および自らがその名義人の相続人であることを申し出ることにより、義務を履行したものとみなすという制度です（改正法76条の3第1項、2項）。登記官は、申出があったときは、職権でその旨や申出をした者の氏名、住所等を所有権の登記に付記することができます（同条3項）。

相続人申告登記の申出の手続の詳細は、今後法務省令で定められますが、この申出の際に提出が求められる資料については、法定相続登記の場合のように書類一式ではなく、申出をする者が被相続人の相続人であることがわかる戸籍謄本の提出で足りるとする制度設計が想定されています。

4．相続人に対する遺贈の場合の登記手続の簡略化

　改正前でも、相続による所有権移転登記の申請は登記権利者が単独で行うことができ、また、特定財産承継遺言（いわゆる相続させる遺言）についても運用上単独での申請が認められていましたが、他方、遺贈の場合は、それが相続人に対するものであっても改正前不動産登記法63条2項の「相続」には該当しないことから、登記権利者である受遺者と登記義務者である相続人との共同申請がされる必要がありました。

　しかしながら、相続人に対する遺贈は、その機能が特定財産承継遺言と類似します。そこで、登記手続を簡略化し、相続人に対する所有権移転登記を促進するため、相続人に対する遺贈についても単独申請が可能であることを明示する規定が設けられました（改正法63条3項）。

　なお、改正法に明文の規定は設けられませんでしたが、従前、共同申請が必要とされていた、法定相続登記「後」の遺産分割登記・相続放棄・特定財産承継遺言・相続人が受遺者である遺贈に基づく登記についても、運用により単独申請を許容するものとされています。

5．住所等の変更登記の義務化

　改正前は、登記名義人の氏名や住所等に変更があった場合に、その変更に関する登記申請義務は課されていませんでしたが、住所の変更によって所有者の所在が把握できなくなることが所有者不明土地の発生の原因の1つとなっていました。

　そこで、改正法では、氏名、住所等に変更があったときは、変更があった日から2年以内にその変更の登記を申請しなければならないことを定めています（改正法76条の5）。この申請を怠った者に対しては、5万円以下の過料の制裁があります（同法164条2項）。

　なお、改正法76条の5は、その施行日前に変更が生じている場合にも適用（施行日から2年以内の手続が必要）されます（遡及適用。改正法附則5条7項）。

6．職権による登記名義人の死亡情報等の反映

　以上のとおり、相続登記や住所等の変更登記の義務化が規定される一方、実態と登記の一致を促進するには、登記所において不動産登記情報の更新を行う仕組

みが有効と考えられます。そこで、改正法では、登記官が職権により登記名義人の死亡情報等や住所等の変更情報を反映させることができる規定が新設されています（改正法76条の4、6）。

【表　相続登記の義務化】

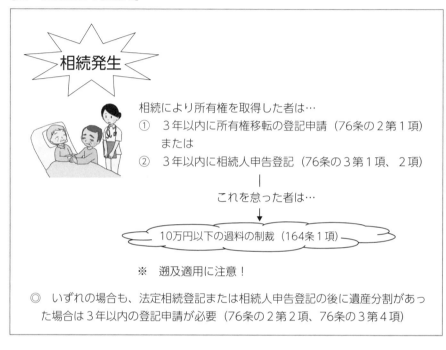

相続発生

相続により所有権を取得した者は…
① 3年以内に所有権移転の登記申請（76条の2第1項）
　または
② 3年以内に相続人申告登記（76条の3第1項、2項）

これを怠った者は…

10万円以下の過料の制裁（164条1項）

※　遡及適用に注意！

◎　いずれの場合も、法定相続登記または相続人申告登記の後に遺産分割があった場合は3年以内の登記申請が必要（76条の2第2項、76条の3第4項）

改正 ② 民法の改正〜相続制度に関連する見直し〜

2023年4月1日施行

● 不動産登記法と同様、所有者不明土地に関連し、民法の改正が行われました。
● 相続発生から長期間が経過した共有の財産の分割を容易にするいくつかの規定が設けられました。

解　説

　改正1で述べた不動産登記法の改正と同時に、所有者不明土地の発生の予防やその利用の活性化の観点から、民法の改正が行われました。そこでは、共有物の変更・管理の規定の改正、所有者不明土地（建物）管理命令の制度の新設、相隣関係に係る規律の見直しなど多くの改正が行われていますが、以下では、特に相続と関連すると考えられるものをピックアップして説明します。

1．長期間経過後の遺産分割の見直し

　相続人が複数いる共同相続の場合、相続開始から遺産分割までの間、相続財産に含まれる不動産は共同相続人の共有に属します（遺産共有）。遺産共有の解消の手続が遺産分割ですが、遺産分割の手続を困難とする一因として、具体的相続分の算定が困難であることがあり、これが、所有者不明土地発生の主要な要因である、相続登記の未了が生じる理由の1つであると考えられます。

　具体的相続分の算定は、特別受益（903条）や寄与分（904条の2）を考慮して行われています。いずれも、その算定には時間を要することがままありますが、改正前は具体的相続分による遺産分割を求めることができる期間に制限がなく、そのため、遺産分割の手続が長期化するおそれがありました。

　そこで、改正法904条の3は、相続開始の時から10年を経過した後にする遺産の分割については、原則として特別受益や寄与分の規定の適用がなく、したがって、法定相続分または指定相続分によって遺産分割が行われるべきことを規定し、円滑な分割を可能としています。なお、この改正に伴い、遺産分割の禁止につい

ても、その期間の終期は相続開始時から10年を超えることができないとされました（改正法908条）。

2．相続財産に属する共有不動産の分割

　共有者は、いつでも共有物の分割を請求することができ（256条）、また、共有物の分割について共有者間に協議が調わないときまたは協議をすることができないときは、その分割を裁判所に請求することができます（改正法258条）。ただし、遺産共有の財産を分割する手続は共有物分割訴訟ではなく遺産分割による必要があり（最判1987（昭和62）年９月４日、改正法258条の２第１項）、改正前には遺産共有の財産について共有物分割訴訟による解決を得ることはできませんでしたが、改正法では、共有物の持分が相続財産に属する場合において、相続開始の時から10年が経過したときは、一定の場合を除き共有物分割訴訟の手続によることができる旨の規定が設けられています（同258条の２第２項）。

3．長期間経過後の不明相続人の持分の取得・譲渡

　まず、改正法で新たに設けられた「所在等不明共有者の持分の取得」（改正法262条の２）と「所在等不明共有者の持分の譲渡」（改正法262条の３）について説明します。

　「所在等不明共有者の持分の取得」は、共有不動産の共有者が他の共有者を知ることができず、またはその所在を知ることができない場合（このような場合の他の共有者を「所在等不明共有者」という）に、共有者の請求により、裁判所がその共有者に所在等不明共有者の持分を取得させることができる旨の裁判をすることができる、という制度です。

　「所在等不明共有者の持分の譲渡」は、上記と同様、所在等不明共有者がある場合に、共有者の請求により、所在等不明共有者以外の共有者の全員が特定の者に対してその有する持分の全部を譲渡することを停止条件として、請求をした共有者に対し、所在等不明共有者の持分を当該特定の者に譲渡する権限を付与する旨の裁判をすることを可能とする制度です。

　以上の裁判の手続は、非訟事件手続であり、非訟事件手続法に新たな手続規定が設けられています（同改正法87条、88条）。

　これらの制度は、所在等不明共有者の持分が相続財産に属する場合（共同相続人間で遺産の分割をすべき場合に限る）において、相続開始の時から10年を経過していないときには利用することができません（改正法262条の２第３項、改正法262条の３第２項）。これを反対解釈すると、相続開始の時から10年の経過に

より、これらの制度の利用が可能になることを意味します（ただし、所在等不明共有者の持分の取得の場合、一定の例外があります）。これは、改正法904条の3などと同様、相続開始から一定の期間が経過した共有不動産について、円滑な共有関係の解消を図ることを目的とするものと理解されます。

【表　所在等不明共有者の持分の取得／所在等不明共有者の持分の譲渡】

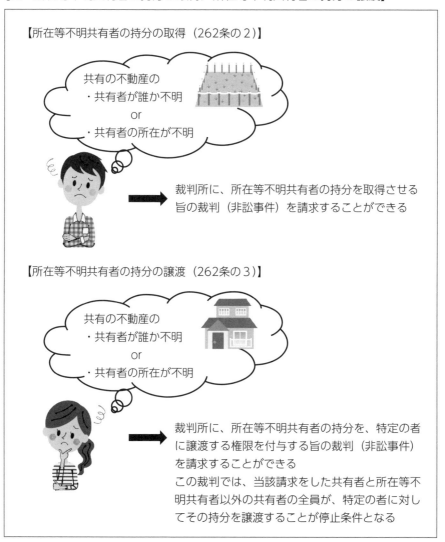

相続財産管理人制度の改正、相続土地国庫帰属制度

相続財産管理人制度の改正について：2023年 4 月 1 日施行
相続土地国庫帰属制度について　　　：2023年 4 月27日施行

● 所有者不明土地に関連する法改正において土地の管理に関しさまざまな
　改正が行われたことに伴い、相続財産管理人制度の改正が行われました。
● また、相続等により土地の所有権等を取得した者等がその管理の負担か
　ら免れることを可能にする方法として、相続土地国庫帰属制度が新たに
　創設されました。

解　説

1．改正前における相続財産管理人制度

　改正前は、①熟慮期間中（改正前918条 2 、 3 項）、②限定承認がされた後（改正前926条 2 項）、③相続放棄がされた後（改正前940条 2 項）において、家庭裁判所が相続財産の管理人を選任できることが規定されていました（①の改正前918条 2 項には「いつでも」の文言があったにもかかわらず、同項は熟慮期間中に限り適用されるというのが一般的な理解でした）。以上の②、③は限定承認あるいは相続放棄の場合ですから、単純承認の場合には適用がなく、他方、単純承認がされた場合には①の適用もないわけですから、共同相続の場合で遺産分割がなされるまでの間などの場面においては相続財産管理人を選任することはできませんでした。

　なお、以上の相続財産管理人は、あくまで相続財産の「管理」を行う者で、その権限は一定の範囲に限られます。他方、改正前936条（限定承認の場合）、改正前952条（相続人不存在の場合）の「相続財産の管理人」は、同じ「管理人」でも相続債権者への弁済などの清算の事務を行う者である点で性質が異なっており、同じく「管理人」と呼称されることが妥当であるのか疑問の余地がありました。

2．改正法における相続財産管理人制度

　そこで、改正法では、前記の改正前の 3 つの制度を一本化し、前記①～③の局

面の外にあった場面でも相続財産管理人を選任することができるようになりました（改正法897条の２）。つまり、改正法では、前記①〜③の対象外であった場面、例えば、複数の相続人が相続を単純承認したが、遺産分割が成立していない場面などにおいても相続財産管理人の選任を家庭裁判所に申し立てることができます。

　また、改正法936条、952条では、前記の相続財産の清算を目的とする事務を行う者の呼称が改正前の「管理人」から「清算人」に変更されています。加えて、相続人が不存在の場合の公告期間が短縮され、清算手続の合理化が図られました（改正法952条２項、957条１項）。

３．相続土地国庫帰属制度

　相続等により取得した土地所有権の国庫への帰属に関する法律（以下「法」といいます）は、社会経済情勢の変化に伴い所有者不明土地が増加していることに鑑み、相続または遺贈により土地の所有権または共有持分を取得した者等がその土地の所有権を国庫に帰属させることができる制度（相続土地国庫帰属制度）を創設し、もって所有者不明土地の発生の抑制を図ることを目的とする法律です（法１条）。

　以上の目的規定からも明らかなように、相続土地国庫帰属制度を利用することができる（承認申請をすることができる）のは、相続または遺贈により土地の所有権または共有持分を取得した者に限られます（法１条、２条１項）。売買等により自ら進んで土地を取得した者がその管理の責務を負うべきは当然であって、このような者が本制度を利用することはできません。

　承認申請にかかる土地は、次のいずれにも該当しないものであることが必要であり、これらのいずれかに該当する場合には承認申請をすることができません（承認申請の却下事由。法２条３項、４条１項２号）。

---

①　建物がある土地
②　担保権や使用収益権が設定されている土地
③　通路その他、他人の利用が予定されている土地
④　土壌汚染されている土地
⑤　境界が明らかでない土地・所有権の存否や範囲について争いがある土地

　また、土地が次のいずれかに該当するときは、承認を受けることができません（不承認事由。法５条１項）。

① 一定の勾配・高さの崖があって、管理に過分な費用・労力がかかる土地
② 土地の管理・処分を阻害する有体物が地上にある土地
③ 土地の管理・処分のために、除去しなければいけない有体物が地下にある土地
④ 隣接する土地の所有者等との争訟によらなければ管理・処分ができない土地
⑤ その他、通常の管理・処分に当たって過分な費用・労力がかかる土地

　国庫帰属の承認があった場合には、承認申請をした者は、承認の通知と併せてなされる負担金の額の通知を受けた日から30日以内に負担金を納付しなければならず、この負担金を納付した時において承認にかかる土地の所有権は国庫に帰属します（法10条、11条）。この負担金の額は、承認にかかる土地につき、国有地の種目ごとにその管理に要する10年分の標準的な費用の額を考慮して政令で定めるところにより算定されます（法10条１項）。例えば、宅地であれば面積にかかわらず20万円が原則とされますが、都市計画法の市街化区域または用途地域についてはこの限りでなく、一定の計算式に従い負担金の額が算定され、例えば用途地域に該当する宅地で、その面積が200㎡である場合、負担金の額は79万3,000円となります。

【表　相続土地国庫帰属制度の審査フローの概要】

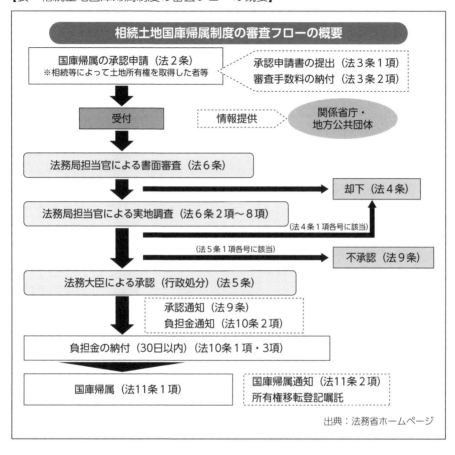

相続土地国庫帰属制度の審査フローの概要

国庫帰属の承認申請（法2条）
※相続等によって土地所有権を取得した者等

承認申請書の提出（法3条1項）
審査手数料の納付（法3条2項）

受付

情報提供

関係省庁・
地方公共団体

法務局担当官による書面審査（法6条）

却下（法4条）

法務局担当官による実地調査（法6条2項〜8項）

（法4条1項各号に該当）

（法5条1項各号に該当）

不承認（法9条）

法務大臣による承認（行政処分）（法5条）

承認通知（法9条）
負担金通知（法10条2項）

負担金の納付（30日以内）（法10条1項・3項）

国庫帰属（法11条1項）

国庫帰属通知（法11条2項）
所有権移転登記嘱託

出典：法務省ホームページ

5 家族法分野の判例紹介

改正 ① 判例紹介（2023年）

● 近年の相続法分野における最高裁判例として、次のものがあります。

① 複数の包括遺贈のうちの一つがその効力を生ぜず、または放棄によってその効力を失った場合、遺言者がその遺言に別段の意思を表示したときを除き、その効力を有しない包括遺贈につき包括受遺者が受けるべきであったものは、他の包括受遺者には帰属せず、相続人に帰属すると判断した判例。

② 遺言により相続分がないものと指定された相続人は、遺留分侵害額請求権を行使したとしても、特別寄与料を負担しないと判断した判例。

解　説

　紛争解決のための訴訟等の裁判手続は日々行われており、そのなかで、民法その他の法令の規定の解釈に関する判例が出ることはしばしばあります。法令改正だけではなく、判例についても知っておくことは意味のあることです。

　ここでは、相続法分野における2023年の最高裁判例を 2 件紹介したいと思います。

１．最高裁2023年 5 月19日第二小法廷判決

　亡Aの法定相続人は、妻である亡B、その間の子であるCおよびDで、Cには子Eが、Dには子Fがいました。亡Aは平成20年 6 月に死亡し、Dは相続放棄をしたことから、亡Aの相続財産である本件土地はBおよびCが各 2 分の 1 の割合で共同相続しました。

　亡Bは、平成21年 7 月、Bの一切の財産を、Dに 2 分の 1 の割合で相続させるとともに、Fに 3 分の 1 の割合で包括遺贈し、Eに 6 分の 1 の割合で包括遺贈する旨の公正証書遺言をしました。

Ｃは、平成23年１月、亡Ａの相続に関し、亡ＢとＣの間で本件土地をＣが取得すること等を内容とする遺産分割協議が成立した旨の遺産分割協議書を利用して、本件土地についてＣ単独の所有権移転登記手続をしましたが、この遺産分割協議はＢの意思に基づかない無効なものでした。

　亡Ｂは平成23年２月に死亡し、Ｂの相続人はＣおよびＤで、包括受遺者の一人であるＥは遺贈を放棄しました。

　平成23年４月、Ｘが亡Ｂの遺言の遺言執行者に選任されましたが、平成23年６月、Ｃが本件土地をＹに売却してＹに対する所有権移転登記をしたため、遺言執行者であるＸが、Ｙに対して、本件土地に関するＹへの所有権移転登記の抹消登記手続を求めました。

　最高裁は、Ｘには、本件遺言のうち、Ｄに２分の１の割合で相続させる旨の部分については抹消登記手続請求を行う原告適格がなく、他方で、Ｆに３分の１の割合で包括遺贈する旨の部分については原告適格があると判断しました。さらに、Ｅへの包括遺贈に関して、Ｅが放棄したことにより、その一部が他の包括受遺者であるＦに帰属するとすれば、その範囲についても、Ｆへの包括遺贈として、Ｘに抹消登記手続請求の原告適格が認められることになるため、包括受遺者Ｅの放棄により、その放棄された遺贈の一部が他の包括受遺者であるＦに帰属することになるのかが問題となりました。すなわち、民法995条本文は、遺贈がその効力を生じないときまたは放棄によってその効力を失ったときは、受遺者が受けるべきであったものは相続人に帰属する旨を定めているところ、民法990条では包括受遺者は相続人と同一の権利義務を有する旨が定められていることから、民法995条本文の「相続人」に包括受遺者が含まれるかが問題となりました。

　従来の学説は、効力を失った遺贈は包括受遺者にも帰属すると解していましたが、現在は、民法995条本文の「相続人」には包括受遺者は含まないと解するのが多数説です。

　最高裁は、包括受遺者は相続人と同一の権利義務を有するものの、相続人ではなく、民法995条本文は、効力を失った遺贈の受遺者が受けるべきであったものが、相続人と当該受遺者以外の包括受遺者とのいずれに帰属すべきかが問題となる場合において、これが「相続人」に帰属する旨を定めた規定であり、その文理に照らして、包括受遺者は同条の「相続人」には含まれないとしました。そのうえで、複数の包括遺贈のうちの一つがその効力を生ぜず、または放棄によってその効力を失った場合に、遺言者がその遺言に別段の意思を表示したときを除き、その効

力を有しない包括遺贈につき包括受遺者が受けるべきであったものは、他の包括受遺者には帰属せず、相続人に帰属すると解するのが相当と判断しました。

　なお、詳細は割愛しますが、本最高裁判決は、遺言執行者は、共同相続人の相続分を指定する旨の遺言を根拠として、相続法改正施行日前に開始した相続に係る相続財産である不動産についてされた所有権移転登記の抹消登記手続を求める訴えの原告適格を有しないと判断した点、相続財産の全部または一部を包括遺贈する旨の遺言がされた場合における、包括遺贈が効力を生じてからその執行がされるまでの間に包括受遺者以外の者に対してなされた不動産の所有権移転登記の抹消登記手続または一部抹消（更正）登記手続を求める訴えの原告適格を有すると判断した点でも、重要な判例でもあります。

２．最高裁2023年10月26日第一小法廷決定

　旧民法では、被相続人の相続財産の維持または増加に寄与した者に相続財産の配分を認める寄与分がありましたが、これは法定相続人にしか認められていないという問題があったため、相続法改正により、法定相続人以外の親族にも、無償で被相続人の療養看護その他の労務の提供をしたことにより相続財産の維持または増加に寄与した場合には、相続人に対して寄与に応じた額の金銭請求を認める特別寄与料の制度が創設されたことは本章第２項改正②のとおりです。

　本件は、この特別寄与料に関する判断をした判例で、事案は次のとおりです。

　被相続人亡Ａの法定相続人は子であるＢおよびＹの２名で、亡Ａは、Ｂの相続分を相続財産全部とし、Ｙの相続分はないとする趣旨で全財産をＢに相続させるという遺言をし、令和２年６月に亡くなりました。

　Ｙは、Ｂに対して、上記遺言により遺留分が侵害されたとして遺留分侵害額請求権を行使しました。

　Ｂの妻であるＸは、自身には亡Ａの相続財産について特別の寄与があるとして、Ｙに対して、特別寄与料の請求をしました。

　民法1050条５項は、相続人が数人ある場合には、各相続人は、特別寄与料の額に民法900条から902条までの規定により算定した当該相続人の相続分を乗じた額を負担する旨が定められており、民法902条１項では遺言により相続分を指定できる旨が定められています。本件では、Ａは遺言によりＹの相続分はなしとしているため、上記条文によればＹは特別寄与料を負担しないものと考えられそうですが、Ｘは、Ｙは遺留分侵害額請求によって遺留分侵害額に応じた財産を取得することから、その範囲で特別寄与料も負担すべきと主張しました。

原審は、遺言により相続分がないものと指定された相続人は、特別寄与料を負担せず、このことは、当該相続人が遺留分侵害額請求権を行使したとしても左右されないとして、Ｘの申立てを却下すべきとしました。

　これに対して、Ｘは、遺留分侵害額請求権を行使した相続人は遺留分額に応じて特別寄与料を負担するのが相当であり、原審の判断は法令の解釈適用を誤っているとして最高裁に不服申立てをしました。

　最高裁は、民法1050条5項は、相続人が数人ある場合における各相続人の特別寄与料の負担割合について、相続人間の公平に配慮しつつ、特別寄与料をめぐる紛争の複雑化、長期化を防止する観点から、相続人の構成、遺言の有無およびその内容により定まる明確な基準である法定相続分等によることとしたものと解され、このような趣旨に照らせば、遺留分侵害額請求権の行使という同項が規定しない事情によって、負担割合が法定相続分等から修正されるものではないとし、遺言により相続分がないと指定された相続人は、遺留分侵害額請求権を行使したとしても、特別寄与料を負担しないと解するのが相当と判断し、Ｘの請求を排斥しました。

改正② 判例紹介（2021年および2022年）

● 近年の家族法の分野における最高裁判例として、次のものがあります。
　　① 　民法上の配偶者でも、婚姻関係が形骸化し、事実上の離婚状態にある場合は中小企業退職金共済法14条1項1号の配偶者にあたらないと判断した判例。
　　② 　離婚に伴う財産分与の申立てを却下する審判に対しては、相手方も即時抗告をすることができると判断した判例。
　　③ 　離婚に伴う慰謝料の損害賠償債務は離婚成立時に遅滞に陥ると判断した判例。

解　説

　さらに、2021年および2022年に出された家族法（親族法および相続法）の分野における最高裁判例を3件紹介したいと思います。

1．最高裁2021年3月25日第一小法廷判決

　本件は、Xが、母であるAの死亡に関し、中小企業退職金共済法所定の退職金共済契約に基づく退職金のほか、確定給付企業年金法所定の企業年金基金の規約に基づく遺族給付金、厚生年金基金法（平成25年法律第63号による改正前のもの）所定の厚生年金基金の規約に基づく遺族一時金の支払いを求めた事案です。中小企業退職金共済法14条1項1号および各規約（いずれも確定給付企業年金法または厚生年金基金法に従った定め）ではいずれも、上記退職金等の最先順位の受給権者は「配偶者」と定められていましたが、Xは、Aと民法上の配偶者であったBとが事実上の離婚状態であったため、Bは上記退職金等の支給を受ける「配偶者」には該当せず、子であるXが次順位の受給権者として受給権があると主張しました。

　これまでに、社会保障給付に関する法令における遺族給付の受給者となる「配偶者」に関して、死亡した被保険者が重婚的内縁関係にある場合（民法上の配偶者がいる状態で、他に内縁関係にある者がいる場合）に民法上の配偶者と内縁関係者のいずれが受給者となるかが問題になった事案で、民法上の配偶者であって

も、その婚姻関係が事実上の離婚状態にある場合には「配偶者」には当たらず、内縁関係者が「配偶者」に当たるとの判断が積み重ねられてきました（旧農林漁業団体職員共済法に関するものとして1983年４月14日最高裁第一小法廷判決、私立学校教職員共済法に関するものとして2005年４月21日最高裁第一小法廷判決）。

　本件では、中小企業退職金共済法や本件各規約でも過去の判例と同様に解してよいか、また、本件では民法上の配偶者以外に内縁関係者はいませんでしたが、重婚的内縁関係でなくても、民法上の配偶者を「配偶者」から除外すべきかが問題となりました。

　最高裁は、中小企業退職金共済法や本件各規約も、過去の判例と同様に、遺族への給付に関する規定は主として給付対象者の収入によって生計を維持していた遺族の生活保障を主たる目的とするものとしたうえ、民法上の配偶者は、その婚姻関係が実体を失って形骸化し、かつ、その状態が固定化して近い将来解消される見込みのない場合、すなわち、事実上の離婚状態にある場合には「配偶者」に該当せず、これは、民法上の配偶者のほかに事実上婚姻関係と同様の事情にあった者が存するか否かによって左右されるものではないと判断し、Ｘの請求が認められました。

２．最高裁2021年10月28日第一小法廷決定

　本件は、離婚をした元妻であるＸと元夫であるＹが、それぞれ財産分与の申立てを行った事案です。離婚に伴う財産分与は、離婚と同時に行われることも多いですが、離婚成立後も、離婚成立から２年間（民法768条２項）は申立てをすることができます。

　ＸとＹは2017年８月９日に離婚しましたが、Ｘは、2019年８月７日、Ｙに対して財産分与の調停を申し立て、同年11月に、当該調停は不調となり家事審判手続へ移行（家事事件手続法272条４項により、財産分与の調停申立てが不調で終わった場合は、調停申立て時に審判の申立てがあったとみなされるため、Ｘの財産分与の家事審判申立ては、離婚から２年経過する前に行われていることになります）をしましたが、Ｙは、2020年３月に、Ｘに対して財産分与の審判を申し立てました。

　原々審（家庭裁判所）は、いずれの申立ても却下する審判をしましたが、これに対し、Ｙが即時抗告を申し立て、原審（高等裁判所）は、Ｙからの申立てを却下した部分に対する即時抗告を退け（この点は、離婚成立から２年経過している

ことを理由とするもので、最高裁でも維持されています）、Xからの申立てを却下した部分に対する即時抗告についても、申立てを却下する審判はYが受けられる最も有利な内容でありYには抗告の利益がないとして、Yによる即時抗告を却下しました。

これに対し、最高裁は、家事事件手続法156条5号は、財産分与の審判およびその申立てを却下する審判に対しては、「夫または妻であった者」が即時抗告をすることができる旨を定めているところ、これは、財産分与の審判およびその申立てを却下する審判に対しては、当該審判の内容等の具体的な事情いかんにかかわらず、「夫または妻であった者」はいずれも当然に抗告の利益を有するものとして、即時抗告権を付与したものと解され、したがって、財産分与の審判の申立てを却下する審判に対し、「夫または妻であった者」である当該申立ての相手方は即時抗告ができると判断しました。

民事訴訟における判決に対する上訴や、一般的な非訟事件における決定に対する即時抗告については、具体的な不服申立ての利益が必要とされています。しかし、家事審判事件は、非訟事件ではあるものの非訟事件手続法の適用はなく、その性質や審判により影響を受ける者の利益がさまざまであること等から、家事事件手続法において、即時抗告ができる裁判および即時抗告権者が個別具体的に定められ、却下の審判とそれ以外の審判とに区別して即時抗告権者が規定され、または、却下の審判に対して申立人のみが即時抗告権者となる場合にはその旨が明確に定められていること等も踏まえて上記のとおり判断されたものと思われます。

また、財産分与の審判の申立てにおいては、申立人から相手方に対する財産分与を命じる審判をすることもできると考えられており、したがって、却下の審判に対して相手方にも即時抗告の利益があるという判断もあるように思われます。

3．最高裁2022年1月28日第二小法廷判決

夫婦の双方から離婚請求および離婚に伴う慰謝料請求がなされた事案で、最終的に、離婚自体は認められるとともに、妻から夫への慰謝料請求が認められましたが、夫の妻に対する慰謝料に係る損害賠償債務がいつ遅滞に陥るかが問題となりました。

すなわち、2020年4月1日施行の民法改正により、法定利率が5％から3％に変更されましたが、不法行為に基づく損害賠償債務の遅延損害金の利率は、損害賠償債務が遅滞に陥ったのが改正民法施行前であれば改正前の5％、改正後であれば改正後の3％となるところ、本件では、夫婦関係が破綻したのは2020年

3月31日以前（改正民法施行前）であり、他方で判決の確定により離婚成立となるのが2020年4月1日以降（改正民法施行後）となるため、慰謝料に係る損害賠償債務が遅滞に陥るのが夫婦関係破綻時または離婚成立時のいずれかが問題となりました。

　離婚に伴う慰謝料に係る損害賠償債務が遅滞に陥る時期（遅延損害金の起算日となる）について、古くは、学説上、不法行為時説、婚姻破綻時説、離婚時説などいくつかの見解があり、また、実務上は、訴状送達の翌日から遅延損害金を認める裁判例もありましたが、今日では、離婚成立時と考える見解が支配的でした。

　しかるところ、本件において、最高裁は、離婚に伴う慰謝料の損害賠償債務は、離婚成立によって発生するものと解すべきであり、したがって、離婚に伴う慰謝料として夫婦の一方が負担すべき損害賠償債務は、離婚成立時に遅滞に陥ると解するのが相当であると判断しました。

　なお、離婚に伴う慰謝料の消滅時効の起算点は、離婚成立時と判断されており（最高裁1971年7月23日第二小法廷判決）、本件最高裁判決は、かかる判断とも整合性があると考えられます。

Coffee
Break

～今後の地価を新路線、新駅から考える～

　ここ10年、大都市圏を中心として、主に地価上昇を背景に不動産価格が上昇してきましたが、最近は、資材価格の上昇、人件費の上昇等により建物価格も上昇し、全国的に不動産価格が上昇しています。

　不動産価格は、土地と建物の需給で決まりますが、立地条件が地価に与える影響は大きく、利便性が高まる（再）開発や新路線、新駅の開業は地価、不動産価格に大きな影響を与えます。

　首都圏に絞っても、2000年以降の首都圏では、JR武蔵小杉駅開業、つくばエクスプレス開通、日暮里・舎人ライナー開通等が沿線地価を大きく引き上げました。

　昨年（2023年）は相鉄線と東急東横線をつなぐ東急新横浜線の開業により、西武池袋線、東武東上線から新横浜に直通となり、新幹線との連絡が便利になり、海浜幕張から遠く不便であった幕張イオンモールも京葉線・幕張豊砂駅の開業で電車利用客も便利になり、周辺の開発が期待されます。

　2024年春も北陸新幹線（金沢・敦賀間開業）、大阪北大阪急行（御堂筋線直通）の千里中央・箕面萱野間が開業し、2025年1月には万博に向けて大阪メトロ中央線延伸も予定されています。

　今後、首都圏だけでも

2027年以降	リニア新幹線開業（品川・名古屋間）
2030年頃	横浜市営地下鉄ブルーライン延伸（あざみの・新百合ヶ丘間）
2031年度	羽田空港アクセス線（3ルート）、 東京駅から上野・東京ライン経由、大崎からりんかい線経由、 新木場から八潮車両基地経由
2030年代	有楽町線（豊洲・住吉間）、南北線（白金高輪・品川間）

等が予定されています。現在、交通利便性が低く、地価が安い地域ほど、都市中心部へのアクセス改善による地価上昇余地が大きいと考えられます。開業遅延の可能性はありますが、中長期的には資産価値上昇が期待できますので、判断材料として新路線、新駅の開業に注目してはいかがでしょうか？

執筆者一覧

第1章 第2章

小谷野税理士法人（代表：小谷野幹雄）

富裕層、企業オーナーファミリーに対する資産・事業承継コンサルティング、事業法人に対する成長支援業務、M&A・組織再編に関する税務・会計アドバイザリー業務、財務デューデリジェンス、バリュエーション業務、企業再生支援業務など、個人および法人の財務・会計・税務に関するさまざまな問題の解決に従事している。1996年小谷野公認会計士事務所開業。ISO9001（品質国際規格）、ISO27001（情報管理規格）取得。2017年法人組織化。

- 〒151-0053 東京都渋谷区代々木1-22-1 JRE代々木一丁目ビル14階
- TEL：03-5350-7435（代）　●FAX：03-5350-7436
- URL：https://www.koyano-cpa.gr.jp/

第3章

武田祐介社会保険労務士事務所（所長：武田祐介）

社会保険労務士、1級ファイナンシャル・プランニング技能士。
一般社団法人金融財政事情研究会、株式会社きんざいにて、長年にわたりFP関連業務に従事した後、2008年に独立。独立後は、金融機関向けのセミナーや書籍への執筆を数多く行う。一般社団法人金融財政事情研究会ファイナンシャル・プランナーズ・センター専任講師。農林中金アカデミー認定講師。公益社団法人生命保険ファイナンシャルアドバイザー協会（JAIFA）元理事（2011年6月〜2017年5月）。

- URL：https://www.officetakeda.jp/

第4章

株式会社病診経営（CEO：村上賢二）

医療・介護機関向け経営コンサルタント、経営管理学修士（MBA）、1級ファイナンシャル・プランニング技能士、CFP®、日本医療バランスト・スコアカード研究学会会員、日本動脈硬化学会会員。国内大手生保で教育研修、外資系生保で代理店担当・教育・育成等に携わる。より良い医療環境づくりを目指し、2004年に同社設立。金融機関、医療機関、税理士会、一般顧客向け等のセミナーを多数実施するとともに執筆書籍も多数。

- URL：http://byo-shin.com/

弁護士法人小野総合法律事務所（弁護士：横田卓也、山﨑悠士）

これまで、大手都市銀行・信託銀行・生保・損保・リース・クレジットカード・サービサー・不動産・建設・製造・販売・各種のサービス業等、種々の業種の企業並びに医療法人・公益法人の顧問として法的サービスを提供。訴訟案件、交渉による紛争解決案件を数多く経験している。また、相続等の依頼者が個人の案件も多数取り扱う。相続・事業承継について、セミナーや執筆を行うほか、個人情報保護法等の法改正やハラスメントその他に関する講演・研修等を顧問先等で多数実施。

● URL：https://ono-law.jp

コラム

益山真一

1級FP技能士、CFP®認定者、マンション管理士、ダイエット検定1級、健康管理能力検定2級など。
FP技能検定受検対策の講師、テキスト、問題集の作成・校閲のほか、資産形成・老後資金準備のテーマを中心にセミナー・研修、執筆、レッスンを展開。
セミナー等は2023年5月時点で3370回。2017年度まで15年間、國學院大學非常勤講師。
活動理念は「心、カラダ、キャリア、時間、お金」のバランスを考えた最適提案。

● URL：https://www.fp-masuyama.com

memo

memo

FPが知りたかった!
改正事項の最短整理 [2024年度]

2019年5月30日　初版発行
2024年7月11日　2024年度版1刷発行

編　　　著	一般社団法人金融財政事情研究会 ファイナンシャル・プランナーズ・センター
発 行 所	一般社団法人金融財政事情研究会 〒160-8519　東京都新宿区南元町19
編 集 部	TEL　03-3358-1616
発 行 者	加藤　一浩
印　　　刷	奥村印刷株式会社
販　　　売	一般社団法人金融財政事情研究会 〒160-8519　東京都新宿区南元町19
販売受付	TEL　03-3358-2891 URL　https://www.kinzai.jp/

本書の内容に関するお問合せは、書籍名および連絡先を明記のうえ、FAX（03-3358-0085）にお願いします。